當下，與你真誠相遇

完形諮商師的深刻省思

曹中瑋——著

序・金樹人

活出如實的自己

這不是一個本土完形諮商師畫出句號的完美演出，而是一個不斷努力成為（on becoming）如其所是的諮商師的心路歷程。

這本書是以兩條軸線在進行著：一條軸線是一位完形諮商師專業素養的體現，一條軸線是完形治療精義的精彩詮釋與演繹。這兩條軸線有時分道揚鑣，各擅勝場；有時又交疊融合，不分彼此。

在眾多諮商與心理治療流派中，無論從表面的理論描述，或深入到內在的精髓，各有其精妙獨到之處。雖其表象與底蘊迴然殊異，各學派都指向一個難以輕忽的提問：如何有效的度一切苦厄？

諮商與心理治療這個專業要能在醫療領域立足，所面對最基本的質疑也在於此：在醫學主導的醫療範疇，如何自我證明諮商與心理治療是有療效的？數十年來，有關心理療效因子的研究，包括從數以百計的療效研究中進行後設分析（meta-analysis），都想要回答這個問題。

在為數眾多的研究所精鍊出來的共同因素（common factors）中，其中一個最有力的因素，就是諮商關係；而在諮商關係中最關鍵的因子，就是諮商師本身的特質。

「特質」是靜態的，是西方的說法；我比較喜歡「素養」的說法，有展延性，有東方的味道。諮商師的素養，是諮商能夠起關鍵療效的核心因子，可從兩個層面觀察：一個層面是專業素養，另一個層面是人格素養。專業素養在知識探究中汲取淬鍊，人格素養則在人情世故中醞釀發酵。

中瑋在這本書中讓我們清楚地看到，她一方面如何一點一滴的在各種完形以及完形以外的專業學習場域做筆記、沉思、實踐；一方面又如何穿梭在尋常百姓人家，如實地、貼身地描述分析，自己與自己，自己與他人的糾葛與焦慮、衝突與煩惱。能夠活出如實的自己（**authentic self**）是多麼的不容易，這本書不是一個本土完形諮商師畫出句號的完美演出，而是一個不斷努力成為（**on becoming**）如其所是的諮商師的心路歷程。

完形治療創始人波爾斯（Fritz Perls, 1893-1970）是一個傳奇人物。在臺灣師大心輔系博士班開完形治療專題研究的那幾年中，我和研究生們仔細讀完波爾斯的有字天書：《完形治療》（*Gestalt therapy: excitement and growth in the human personality.*）、手書自傳：《進出垃圾桶》（*In and out of the garbage pail*），以及波爾斯的語錄／夢工作實錄：《完形對話錄》（*Gestalt therapy verbatim*），我對波爾斯佩服得五體投地。在那麼多的諮商流派中，我覺得他的治療方式最有創意、最出神入化，也最難得其精髓。雖說每一個諮商與心理治療學派都有大師的身影，每一個身段與回眸都有大師的成長印記，可要學會波爾斯靈巧俐落、隨興所至的舉手投足，除了天分機緣，還要下足苦功。

台上一分鐘，台下十年功。最艱苦的部分，不是方法與技術，而是圓融自己。一九六四至一九六九年間，波爾斯定居於加州大蘇（Big Sur），他的伊沙蘭中心（Esalen Institute）經常有趨之若鶩的英雄豪傑聚集，看他如何進行戲劇性的治療演出。就像台灣一些手藝卓絕的名廚一樣，沒有菜單與食譜，看上時令的菜蔬，隨手拈來就令人驚艷。治療舞台上的波爾斯，自在又自信，成熟又有創意，他有充分的反應能力（response），也清楚知道自己在做什麼（responsibility）。凡目所及，都是道具，在進行夢工作（dream work）時，他連當事人空白的夢境也能當道具。波爾斯能讓心理懸空的人穩穩地站在地面上，穩穩地，就像他自己一樣。

這種圓融自在，來自於活潑的自性，以及對自性的覺察。自性展現在每一個當下；完形治療最傑出的治療方法之一，就是把當事人從過去帶到現在，讓其充分的經驗到此時此刻發生的一切。完形治療對於現在的重視，如同中國禪學對於當下的尊崇；波爾斯在治療情境對當事人的當頭棒喝，也有著如禪一般的機鋒與智慧。波爾斯在其自傳提到，有一次在日本學禪，返美前夕，禪師隨口問了他一個問題：「風是什麼顏色？」波爾斯不驚不慌，給了一個波爾斯式禪味的答案：他對著禪師的面，吹了一口氣。

我在諮商工作中，偶爾使用有形的完形技術，可這學派對我眷顧最多的卻是無形的完形。細細思之，影響我最深邃的，是一種對生命的呵護方式。現在（present），最有能量，如果把力量耗損在隨風逝去的過去或虛幻飄渺的未來，現在的力量就會被抵銷掉。接觸（contact），六根（眼耳鼻舌身意）對應外境的六塵（色聲香味觸法），完完全全的接觸，會讓有情萬物風姿展現，也會讓自己充滿能量。

每一次的完形閱讀都是一個耳提，每一次的完形討論都是一個面命。我時時提醒自己，在諮商中融入，在生活中實踐。記得有一次，開車經過正在修建中的台北一〇一大樓，主體與周邊工程都在進行，路況烏煙瘴氣。心頭牽掛著一堆待辦的事，心情浮躁得像隻攀上跳下的瘋猴子。在等待紅燈轉綠燈時，遠遠瞥見被工程車揚起的塵土緩緩上升，緩緩上升。我的心安住在那一刻，釋然於剎那間的永恆。按完形術語的解釋，這是內界與外界純然的接觸，讓中界清虛放空。這種奇妙的經驗讓我發現，生命原來可以舉重若輕，自在無礙。

如此的自在無礙，在中瑋的工作中隨手拈來，四處可見。當她來到當事人或團體成員的中間，她自己就完全進入了當下的情境。過去與未來的時空都凝聚在現在，所有的未竟事務（unfinished business）都在此時此刻展現，沒人能預測下一個情緒、下一個話語，在何時或以何種方式出現。這是很大的冒險，而治療中所有的創意都因為這冒險，破繭而出。在這本書中，無論是諮商中的情緒處理、完形經典之空椅法、兩極對話與夢工作，我們都看到了極為細膩的描述。

曹中瑋不是波爾斯，讀者們也不會是曹中瑋。讀了這本書，讀者們當會了解，一位本土的完形諮商師如何在完形的門牆中入乎其內，出乎其外，而又能乘風破浪，揚帆而去。有為者，亦若是乎！

（本文作者現任澳門大學教育學院教授）

目錄

目錄

應用篇

獻詞

僅以此書獻給所有曾與我有過深刻心靈交會的當事人、學生和受督者，
因你們的勇氣與生命力，不但豐厚我的人生，也成就了這本書的問世。

緣起

給所有曾與我深刻心靈交會的……

寫書是在心中醞釀很久的一個夢想。也許，可以追溯到我十三、四歲。那時我在基隆讀國中二年級，原本的國文老師請產假，來了一位男性代課教師，很年輕，像個文藝青年！他上課相當生動活潑，同學們都很喜歡他。

一次作文課，我不確切記得是什麼題目，應是個有趣、不八股、又很吸引我的主題。我認真地寫。拿到老師改好的作文本時，我驚喜萬分，老師給我的評語非常正向，且和我的作文差不多長。後來，他結束代課離開前，送了我一本《陳之藩散文集》，說我的筆鋒和陳前輩很像，鼓勵我往文學方面發展。於是，在我小小的心靈點上了當作家的希望火苗。

後來，我進了師專，參加詩社和詩歌朗誦隊，沒課時就到學校附近的道藩圖書館看書、抄寫文章。在師專也遇到兩位很棒的國文老師，我因此選了語文組。但是我在一個家教頗嚴的公教家庭長大，個性拘謹、嚴肅的那一面發展較強，又太想做個乖巧、受重視的好學生、好女孩，因此對自己內在澎湃的情緒、豐富的情感和浪漫的情懷，既厭惡又害怕，總要費很大力氣壓抑心中那股超大的力量。而我的「才情」和「創造力」也就在此情況下慢慢消失殆盡。

我無法也不敢寫什麼作品，只能欣賞和朗讀別人的詩和文章，我放棄成為作家的夢。人生常有許多無法預料的機緣。在師專即將畢業時，我無意間得到當時彰化教育學院（現今彰化師範大學）輔導學系招考插班生的資訊。在師長鼓勵下，我抱著姑且一試的心情去考試，沒想到就這樣和心理諮商結下不解之緣。我自一九七九年二月開始擔任義務張老師，到今年已從事諮商工作整整三十年。

感謝上蒼，讓我和心理諮商工作相遇。在這學習與工作的路程上，我療癒了自己，也認識無數勇敢的生命鬥士。工作雖然忙碌，但都是我所喜愛的。誰能如此幸運？工作能和興趣合而為一，更讓我找到足以安身立命的人生位置。

那個年代義務張老師的訓練以個人中心諮商學派為主軸。在彰化師大讀書時，剛好系上有位個人中心諮商學派的客座教授，班上同學們一開始不相信真誠一致、同理的理解和無條件接納就足以使人改變，於是推舉班上最不願配合、最會反抗的同學扮演個案，請客座教授當場進行諮商示範。這位同學很快就被諮商師的態度馴服。這段諮商讓我們十分感動和佩服，也因此，我開始非常崇拜個人中心諮商學派。

直到現在，即便我已被視為完形學派諮商師，依然將個人中心諮商學派的核心精神，當成自己追尋理想諮商師的標的與模範。我想我也將這精神融入後來專攻的完形諮商學派。

當我開始從事諮商工作一段時日後，卻發現無法真正運用個人中心諮商學派來工作，很是困惑與不知所措。於是，我不斷尋找其他也適合我的學派。一開始，我對人際溝通分析學派

（TA）有興趣，因為此學派理論十分具體清楚、也容易學習。我以婚姻為主題的碩士論文也以此學派為理論基礎。但在深入探究後，卻難以和它產生緊密貼近的感覺。

在碩士班上諮商理論課時，負責報告完形諮商學派。當時譯了一段完形學派空椅法的諮商逐字稿，並在課堂上模擬示範。很欣賞這學派，感覺它神奇又有趣。但對此學派的創始人佛列茲・波爾斯（Fritz Perls）強勢的諮商方式有點不敢領教，更覺得和我的個性不太適配。

一九九四年春，我參加由Carol Sisson博士帶領，新竹市生命線協會主辦的完形治療工作坊。領會和閱讀書籍很不一樣的完形諮商，卻同樣折服於它的威力。Sisson博士很溫暖且尊重人，對我做的夢工作更帶給我超大的震撼，讓我動了心想好好學習這個學派。

一九九四年暑假，師大心輔所請Rose Najia開完形治療「夢」工作坊。天天有夢的我，在那兩天的活動裡真是如魚得水，感到完形諮商學派處理夢的方式，實在很適合用來理解我的夢。而「玫瑰」老師也不像波爾斯那樣咄咄逼人，她能同理及照顧到我內心深處的情緒。那次工作坊結束，我非常興奮，覺得終於找到一個我能信服的諮商學派。

第二年，耕心協談中心為他們即將開辦四年的「完形治療訓練工作坊」，進行長達十二天的行前工作坊，由Rose Najia和Tony Key兩位風格迥異的老師分別帶領。我立刻排除萬難報名參加。那時我已在國北教大任教，並兼任心理諮商中心主任。同時，為增加諮商工作的經驗，一直保持在民間諮商機構兼任諮商員的工作。此外我的女兒才上小學三年級，還需要母親照顧，實在忙碌異常。所幸先生非常支持我。

而我也持續參加了一九九六年到一九九九年的「完形治療訓練工作坊」，接受了四百五十二小時的訓練。這為期四年的工作坊，前兩年集中在個人議題的處理，甚至不能用認知層面去討論工作的過程。非常感謝兩位完形諮商的啟蒙老師，給我很棒的帶領和示範。也佩服自己，不但四年課程幾乎不缺席，更勇敢地放下自己的社會角色，專注且全心地投入課程。還記得，每次工作坊結束，先生來接我回家，都對我哭紅的雙眼不知所措。

我的內心產生很大變化，過去壓抑的各種能量慢慢被找了回來。一九九九年五月我的第一首詩作「逃」出爐了，和完形諮商有關（就在本書的第二章）。過去對寫作的想望因此再度冒出芽來。我想，有一天我要撰寫我個人在完形諮商中的成長歷程。

因自己在完形諮商中受益頗深，很期盼能把它用在我的教學、諮商和督導工作上，使我的學生、當事人和受督者也得到幫助。因此，我的工作量與日遽增，在忙碌的生活裡，無力全心的投入寫作，只能零星寫寫詩和工作手札，及為處理自己起伏很大的情緒而必須書寫的日記。

在完形諮商的幫助下，也重新去看我當時的生涯。發現我的個性和學術工作不太搭調，特別是我非常看重人與人的關係。我會花很多時間與各類學生（正規學制內的、短期工作坊的、旁聽的、在職訓練的）互動，喜歡和他們面對面心靈的交流。但大學教育對老師的期待並非如此，勉強兼顧大學教師的多元職責讓我身心俱疲。我知道，必須為自己做不一樣的選擇。

五十歲前兩年，接觸了神話大師坎伯（Joseph Campbell）的書，先看了坎伯神話學理論的經典之作《千面英雄》。之後閱讀他所有的中譯本著作，期許自己也開始追尋聖杯的英雄之旅。記得看他的傳記《英雄的旅程》時，其中對中年人生的論述，重重地撞擊到我的心。特別是下面這段話：

「如果一個人最初沒有走自己想走的道路，到了中年以後會有什麼樣的感覺：你爬到梯子的頂端才發現梯子放錯了牆。我想，當你碰到這樣的處境時，最需要做的就是把牆打穿。」（摘自Cousineau, 1999/2001, p.217）

我當下立即忐忑地站上我已爬至的牆頭，仔細看著屬於我的「風景」。好險！我沒有把梯子放錯牆。但我必須要站穩在我自己的牆上。這不是一面大學教師的牆，而是諮商心理師和書寫者的牆。時機正好恰當，我毅然在二〇〇八年八月離開教職，開始做自己想做的事，走更適合自己的路。

我決定先書寫完形諮商的工作經驗，提供給對完形諮商有興趣的同行者本土的運用實況紀錄做為參考。我也一直認為完形諮商的精神與內涵，對於培育諮商師，或諮商師的在職進修都會很有幫助，所以，本書值得所有諮商師及準諮商師閱讀。而書中許多與生命奮戰的例子，我希望，也相信能帶給一般讀者很大的共鳴與激勵。

為了使讀者容易理解複雜的諮商理論和實施方式，我列舉了相當多案例。在此，我也必須交代相關的倫理議題。

本書提到的案例，呈現內容是以諮商師的運作為主。當事人部分不但都去掉其個人基本資料，而且除遭保留舉例目的所必須的資訊外，當事人表達的個人經驗內容均做了修改，甚至融合了數位當事人的故事。夢工作和兩極工作的實例，若能聯絡到原當事人，在徵求其同意下，保留較完整的夢和兩極內容。無法找到原當事人的，內容就做了較多轉換。

書中當我用「諮商師」來描述工作實例時，就不是我自己直接接案的工作經驗，多是督導時討論的案例。我擔任督導的時間很長，包括帶了二十年大學部的諮商實習；擔任六年碩士班的實習諮商師督導；十三年近三十位的個別督導，我已無法區分所引用的是哪位諮商師的案例，而去一一徵得同意，只能秉持處理個案的態度，在書寫上以綜合的、修改的方式呈現。

不過，本書大部分案例仍是以我自己和我的工作經驗為主。大多分布於我諮商工作的後二十年，和數個不同的機構中。

寫作此書還有一個讓我苦惱的問題，需要說明我的選擇與理由，那就是心理治療與心理諮商這兩個名詞的使用。

在國外，幾乎所有相關領域的書籍都兼論心理治療與諮商。美國的專業人員養成教育也是兼顧兩者，在執業範圍上也未嚴格區分。完形學派同樣是由外國人所創，並在西方社會蓬勃發展，多稱為「完形治療學派」。

然而國內情形不太相同，其專業發展一直區分成兩條路徑。心理治療工作者的訓練，由大學理學院中的心理系所負責，畢業後進入醫院等相關機構工作為主；而心理諮商、輔導則由教育學院的諮商輔導相關系所培訓，早年大多到各級學校輔導單位任職。

二〇〇一年十月，我國心理師法正式公布實施，依然分為臨床心理師和諮商心理師兩類。

雖然兩者的執業場域沒有明文規範必須劃分清楚，但國內心理治療與諮商的混淆與交疊，反而造成大眾更直接的困惑。

經過一些考量後，全書我都以「諮商」這個詞為主，也改稱「完形諮商學派」。因為我是一位諮商心理師，做的工作也多屬心理諮商的範圍。但少部分國外老師的職稱就是治療師，我保持原稱呼。而我參與的工作坊，也以其原有的名稱稱之。

諮商工作是一份相當容易產生職業倦怠，甚至身心耗竭的行業，很難單打獨鬥的進行。我非常幸運，一路走來，有許多好夥伴相隨，大家相互支持與打氣。感謝有你們，我才能堅定地在這條路上走下去，本書也才得以完成。

不過，能寫出這本書，我最感謝的是我所有的學生、當事人以及督導的諮商師和準諮商師們。謝謝你們對我的信任，願意邀請我進入你們的祕密花園，分享你們內心深處的陰影和脆弱，以及在生命中或工作上遇到的挫折與困頓。

更謝謝你們對理想的執著、對生命抱持永不止息的希望，以及面對人生挑戰的勇敢奮戰精神。不但讓我的心靈得到豐厚的滋養，帶給我無限的力量，更讓本書得以誕生。

執筆至此，每每因撰寫這些動人生命故事所引起的悸動，又再度牽動我盈滿的心，久久無法平復。《牧羊少年奇幻之旅》中有一段話浮上腦海：

而當你真心渴望某樣東西時，整個宇宙都會聯合起來幫助你完成。（Coelho,1988/1997, p.24）

理念篇

第一章 我的諮商理念

Person & Person 相遇

不知道為什麼
在生命的路口遇見你
你帶著
　嘴角自嘲的笑容
　眼中晶瑩的淚水
　渴求卻落空的夢想
　痛苦而沉重的故事
就這樣和我合一

不知對你而言是幸或不幸
我的生命卻已然被激起浪花
浪花拍打的力道讓我暈眩
也留下不可磨滅的深刻雕痕
你呢？
你的生命可因此而震盪？

時候到了
你走向原來的路或新的旅程
我不能留下你
你也必然要揮手而去
只能看著你的背影
　默默　祝禱

時間已久
你也許不願再記起
這段痛楚的交會
而我
卻永遠記得那生命的力道
　重重　撞擊

中瑋於千禧年五月

對我而言，諮商就是兩個人在一種特殊情境中真誠相會的過程。任何人與人深刻的互動，都會對雙方產生不可磨滅的影響。而諮商師在此關係裡，有其重要的助人使命與專業任務。

對人的觀點

一、人天生帶有無限潛能的種子

我對生命有很高的崇敬，更深信人生來就具有無限潛能。不過，這可以因應人生各種挑戰的能力，是以種子的形式存在。它需要在充足水分和豐厚養分的環境下，才能向上成長茁壯，長出一片屬於自己的美麗景致。對人類而言，那些水分和養分就是關懷與愛。

人類雖帶著這些可貴的種子出生，但相對於其他生命，人生命初始的一、兩年是相當脆弱的，需要依賴有能力者的養育才能存活。這樣的生物機制造就人們擁有與人連結的本能和需求。而為了便於完成人類繁衍與傳承的使命，也形成相互支持、合作，共享資源的社群結構。

養育嬰孩的責任大部分由父母親所承擔，無助的幼兒必須依附父母，依靠父母給予的照顧與愛而長大。所以害怕被拋棄、擔心失去照顧者，成了人類幼年時最大的不安。當為人父母者本身成長的歷程不順遂，不夠成熟，能力不足，可能無法提供充分滋養的環境，讓孩子順利成長。更因自己的無能感，過度受限人類共構出來的社會規範與期待，便會控制和強迫孩子以他們認定的生活方式發展。

照顧者最具威力且帶有相當殺傷力的控管方式，就是威脅或實際收回對嬰孩的照顧與關愛。例如，電影《囧男孩》中梅芳飾演的阿媽，對兒子無力養育而丟到鄉下給她照顧的孫子，動不動就以「你是個沒有人愛的……」、「再不聽話，刀子給你射過去……」等言語威嚇施予管教。

在日常生活中，不論私領域或公共場合，也能隨時聽到成人大聲斥責；「再哭！你就給我滾出去，不要回來！」、「你不聽話，媽媽不喜歡你了噢！」、「你不乖，我不要你了！」於是，孩子為了順利活下來，不得不某種程度地放棄自己、扭曲自我，遵照或陽奉陰違地服從養育者的要求。

被這樣對待的孩子長大後，通常仍有很高的焦慮感，生怕自己表現不夠好，或不符合他人的期待，或未達到「想像的」嚴苛標準而被排擠、唾棄。一種「我會活不下去」的感覺如影隨形地跟著。這樣的不安與焦慮愈高，人天生所具有的潛能種子愈無從發芽長大，人也就如被困於淺灘的龍，不快樂、缺乏自信、沒有價值感。只能用自幼扭曲本性而勉強尋得的生存法則，曲曲折折、戰戰兢兢地奮力活著。

這些生存法則，有的是「假裝」強勢，把挫折、不順遂都怪罪給他人及外在環境，內心充滿不平和憤怒，容易用不擇手段的方法爭取自認該有的地位、權力和財富。爭得到的，成為所謂的「成功者」，但仍永不滿足也並不快樂；爭不到的，就可能變成不斷傷害、攻擊他人的反社會者。

有些生存法則是使用討好、順從他人的方式，希望找到可以被接納和歸屬的空間，即使完全失去自我也無妨。但自我都不見了，如何去感受別人的接納和肯定，更不可能讓所有人對他滿意，於是導致嚴重的憂鬱和自棄行為。

另一些人早早就學會為自己築起堅固的銅牆鐵壁，以求保護自己不被他人傷害。有時，為確保安全，甚至嚴密到連門窗都沒有，把自己全然封閉。但他們仍然會帶著那深埋在心底與人連結的需求，獨自暗然飲泣。

所幸，人們所擁有的潛能種子非常堅毅，即使埋藏在枯竭的土裡很久，也不會輕易死去。這不死的種子，不但讓人能夠永遠擁有希望，而且只要一得到足夠的水與養料，它隨時都能發芽長大。看那些失去掌握自我的能力，而在生活中深深受苦的人，他們依然勇敢地想要活下去，也想活得更好，這就是期盼有一天內在的種子仍能破繭而出的有力證據。

二、人是獨一無二且生來即具有價值

過去不曾有過像你這樣的人，未來也不會有，你完全是獨一無二的——不管在過去、現在還是未來。（摘自Osho, 2003/2003, p.165）

我很喜歡看美國收視率很高的一部影集《CSI犯罪現場》。片中犯罪調查的過程，指紋和DNA，甚至字跡、聲紋都是強而有力的證據，可比對出某個特定人物，不容他抵賴、狡辯。因為，這些特徵每個人都是獨一無二的。

我們常說「上智與下愚」，以往人們就了解人在智慧、能力上有很大的個別差異。一九八三年哈佛大學心理學家霍華德・嘉納（Howard Gardner）提出了「多元智慧理論」。之後，他進一步指出人類智能至少有八種：語文智慧、音樂智慧、邏輯－數學智慧、空間智慧、肢體－運作智慧、人際智慧、內省智慧、自然觀察智慧。每一種智慧代表一種不同於其他智慧的獨特思考模式，彼此並非獨立運作，而是同時並存、相互補充、統合運作（Gardner，2000/2000）。因此，人類能力上的差異變得異常複雜。

在人格特性方面，也有氣質（temperament）理論描述人的先天差異。氣質指的是一個人先天對外界刺激具有的反應方式，包括情緒、行為上的。經無數研究證實有九大氣質特性，人們在九種氣質向度上強度不同，組合成獨特的個性組型。九種氣質包括：活動量、規律性、趨避性、適應性、情緒本質、注意力、堅持度、反應閾、反應強度（徐澄清，1999）。

以「反應閾」此向度為例。反應閾指引起人們某種反應所需要的刺激量。反應閾愈低的人，對外界的刺激愈敏感，容易受外在各種狀況影響，亦即只要少量刺激就能引起反應。例如母親稍微露出懷疑的眼神，反應閾較高的人根本接收不到此訊息，但反應閾低者就因這很小、很短的刺激，產生不被信任的感覺。

除了先天差異，後天經驗更造就了每個個體的獨特性。

假設有兩位天生能力、氣質與生理遺傳均非常相近的嬰孩——樂樂和苦苦，各自出生在兩個環境差異頗大的家庭。

樂樂出生在父母均為白領階級，經濟能力中上的家庭。他們結婚數年，一直盼望有個孩子。為了迎接樂樂的來臨，他們欣喜地準備設備齊全的嬰兒房，及所有嬰兒所需的用品。還安排領有執照的保母白天照顧樂樂，晚上則由父母親自陪伴。樂樂肚子餓了、尿布濕了，只要一出聲，就能得到細心適切的回應。樂樂更常受到父母輕柔的撫摸、充滿愛意的擁抱和愉快的逗弄。樂樂逐漸將這些經驗納入內在系統，形成人及外在世界都是美好的認知內涵。

苦苦的經驗則和樂樂有天壤之別。父親有酗酒、賭博的惡習，只靠打零工維持家計，家庭經濟拮据。父親每次喝醉回家更會對妻子拳打腳踢。苦苦的母親身體一直不好，加上先生不負責任的對待而有憂鬱傾向。他們在並不想要孩子的情況下，不小心懷了苦苦。懷孕期間，母親曾多次企圖墮胎。苦苦出生後，幾乎沒有什麼屬於自己的東西。母親情緒低落時，苦苦哭啞了喉嚨，也無法得到食物和乾燥的尿布。父親更是經常對苦苦大聲叫罵，甚至無由地毆打。苦苦也將這些經驗納入，形成他自己對外在事物的觀點。

兩、三年後，這兩個孩子各自在家門口玩耍。有鄰居阿姨或婆婆看見，善意地接近他們。樂樂自然流露出陽光般的笑臉相迎，他預期又將和大人有一次愉快的互動經驗，結果亦如其所想。而苦苦看到有人接近，他已有的認知系統立刻發出警戒，他可能躲避，可能害怕得哭了起來。鄰居只好悻悻然地離開。於是苦苦繼續保持大人是「壞人」的想法。

才三年左右，樂樂、苦苦就因為經驗不同而有了很不一樣的認知架構，他們也會以此既有的認知系統和外界互動。隨著年齡增長，經歷各種複雜的事件，他們的主觀世界就如滾雪球般愈滾愈大，兩人的差異也更為加增。

當我們再考量人們先天差異和後天經驗的交互作用，那就如愛情小說中常見的說法：「我是那麼愛你，就只有你，一個永遠無可取代、獨一無二的你！」

因每個人的獨特性，以致不論是誰都是非常珍貴而值得尊重。換句話說，不論這個人的行為表現如何，只要「存在」，就具有無限的價值和尊貴，再也找不到與其相似的另一個人。

從諮商工作的角度看，既然每個人的想法、情緒和行為模式都是他所獨有，諮商師自然要以最開放、彈性的態度和方法了解與對待每一個人。

諮商工作的信念

在我的信念裡，諮商工作就是陪伴受苦的生命，幫助他們走出苦難，過更好的生活。而這些受苦的人們大多經歷許多創痛與背叛，以致對人有過多的不安與不信任。要幫助他們，必須先突破他們層層的保護石牆，與他們有心靈的「接觸」。再給予充分關懷和愛，以滋養那因缺少水分、養料而休眠已久的種子，讓它恢復原有的能量，得以慢慢發芽茁壯。

當事人在諮商初始，接收不到諮商師的關愛，因為他們不相信有人能無條件的關心他們。諮商師要全心地以真誠一致的態度、用心的了解、全然的接納來對待當事人，不批判他們不夠努力、不負責任、不相信人，更不評價他們之前為自己做的選擇。假以時日，當事人才會願意嘗試面對自己過去的傷痛，去清理那已混濁的內在心靈湖泊。然後，他們的心才有可能緩緩打開，接受諮商師和他們身邊原本就有但他們卻無法感受到的關愛。

諮商關係是有限的，受限於每週僅有一個小時，受限於這種終究會結束的契約式專業關係。諮商師不能讓當事人依賴這份關係，必須幫助當事人找尋自己內在能量，以及他的外在正向力量——真心願意與其交會的人，或大自然及萬物的力量。當有一天這些力量能逐漸注入他已清理乾淨的心靈湖泊，並豐沛盈滿，諮商師就要和當事人說再見，並寄予最深的祝福，讓其獨自上路。

心的療癒

在頂樓，許久許久沒人上來看星星
方正水泥箱似的儲水池
像是立在那裡千百年

不知何時開始　儲水池已修眠
汙髒的泥沙厚厚地沉在池底
水的顏色逐漸混濁
黑暗世界的生物慢慢滋生而壯大
一如你晦暗將死的那顆受傷的心

噁心的惡臭嚇退了想試著清理的你
蠢蠢欲動的黑暗生物讓你逃開
厚重的泥沙更使你知難而退
然而
　臭味愈來愈濃烈
　黑暗生物愈來愈多愈有力量
　堆積的淤泥也只增不減
一如你心上那沒有治療而潰爛的傷口

在信任的眼神和溫柔的陪伴下
你慢慢勇敢地試著打開沉重的池蓋
咬著牙、摀著鼻、流著淚和汗
　清理陳年的穢物
有時你受不了那苦
　快速地逃離現場
有時你忍不住那痛
　躲在牆角哭泣

有時你憤怒地想毀掉整個儲水池
逃離的你終究還是回來
哭泣的你還是擦乾眼淚
憤怒的你在一陣吼叫後又再度開始

汙泥髒水慢慢地除去
黑暗世界的生物逐步死亡
噁心的惡臭漸漸隨風散去
出水進水口都通暢了
你看著、摸著這恢復原貌的儲水池
帶著喜悅的淚

注水口沒有清泉流動的聲響
乾淨如新的儲水池仍靜靜地立在那兒
空殼般的儲水池仍不動如山的待著
一如你渴望關愛的那顆空洞的心

茫然地到處尋覓清澈水源
費力上山挑水
　下溪谷取水
卻總是失望而回
再也沒有力氣的你
絕望地望著遙遠而沒有星星的夜空

直到一天你與自己相遇
久違的自己重新擁有一對飛翔之翼
用溫柔的態度照拂自己
　信任的眼神看待自己
真誠一致地面對自己
你會發現活水源頭本就在那裡
在那心底深處
只要等待
源頭之水將不斷注入
當那儲水池盈滿

出水口有力量讓水流出
一如你再度發出愛的光芒的那顆心
——中瑋・二十一世紀春

一、諮商是兼具藝術及科學的工作

十幾年前或更早，確切時間已不復記憶，但當時聽到的兩句話至今仍讓我印象深刻。那是一年一度全國大專院校輔導中心主任會議，在中部一個知名風景區舉行。第一天大會安排兩場精彩的演講，由國內諮商界祖師級的大師主講。

第一位演講者開宗明義第一句話就告訴我們：「諮商是一門科學！」然後，闡述要如何嚴謹而有效能地完成我們的工作任務。大家聽得認真，抄筆記的手幾乎沒停過。

沒想到，第二場的主講者一上台，就語重心長地說：「諮商是一門藝術！」全場與會者先是一愣，接著都笑了起來。主講者了解我們笑的緣由後，也笑了。他慎重地補充：「諮商既是一門科學，也是一門藝術！這也是要做好這份工作最難的地方。」

直到現在，我一直期許自己秉持著兼具科學家實事求是的精神，和藝術家感性創意的態度來進行這份工作。

科學工作要求深厚的學理知識做基礎；工作前要有明確的目標與規劃；進行時，要有明確的步驟並控制好各種影響變因；事後，則要清楚評估成效及不斷檢討改進。

而藝術工作則需帶著情感全心投入，視當下情況，及時揮灑出我們的靈感與創見；在過程中，為著每一位當事人，甚至同一位當事人不同時刻的差異，彈性運用各種方法，看起來似乎毫無章法，卻是靈活而流暢。在諮商工作藝術層面裡，諮商師和當事人如同跳著和諧共融的雙人舞。

有一次督導一位實習諮商師，他同時接了兩個年齡相當，孩子都剛上小學的女性當事人。兩位當事人主述的困境相當類似，但對諮商師而言，都頗困難而有挑戰性。

督導時，我對這兩位當事人提供諮商師很不同的工作方向。對A個案，諮商師需要慢下來，花更多時間等待當事人，讓兩人的關係更穩定再開始工作；而B個案我卻讓諮商師立即開始工作，更可以略加「推動」。

A當事人在諮商過程中不斷說話，不容易停下來，說話時眼神少與諮商師接觸，像在說別人的故事，沒什麼情緒。諮商師雖聽了很多，卻抓不準當事人的問題核心，更無法聚焦諮商目標。我幫諮商師看到這位當事人尚未和自己，也未和諮商師（甚至和她身邊的人）真正接觸，以致無法很快地開始「工作」。

B當事人的困境也很多、很大，但諮商師很快就抓到當事人的核心問題——她受父親影響很深，吞下父親耳提面命的各種教條，最不敢違背的是和順從有關的，如「小孩絕對不能頂嘴」等規則。即使她已長這麼大，在被人誤解時仍不敢辯駁。目前B當事人遇到兩個最大的困境，都因她不敢解釋清楚而遭受很大的挫敗和攻擊。但也可能因為順從的特性，在諮商中，當事人對諮商師很快就產生信任。對諮商師提出的邀請，也都願意且認真地去「經驗」。而且當事人很肯定父親對自己的愛，她也很愛父親。她已經有開始「工作」的條件了。

這次督導的最後，諮商師努力地和我討論兩位當事人何以要有完全不同的進行方式與速度。他希望能弄清楚箇中因素，才可能成為他自己的知識及經驗，也才有機會在之後的諮商工作裡，產生適時且適當的處遇。

這次督導經驗使我更了解諮商工作要以科學及藝術兩者的特性相輔相成，才能產出真正的「好作品」。在過程中，諮商師要用直覺和自己整個人，專注地進入當下的兩人關係，才能抓準那運行歷程的脈動，貼近當事人的內心世界，並能感同身受。但要成就如此的藝術性，則需熟悉所有相關理論的知識和方法。同時，諮商師要下工夫，除了事前的準備，諮商後需分析諮商介入策略的作法和意圖，評估使用策略是否達成預定目的，檢討做得不好或困難之處，找出下次得以補強和調整的方式，這都是非常重要的科學精神。

此外，諮商師對成功結案的案例，可以仔細地重看，整理出哪些是有效的介入策略，哪些轉折點是成功的關鍵。當諮商師了解得愈清楚，未來接案就愈能掌握自己的作法，只有確切知道成功的機制，它才可能重複發生。要成為一個有效能的諮商師，當然不能只靠不知所以然的直覺，這就是諮商的科學。

不過，成功的策略必須運作得相當純熟，要到一種不需思考而似是出於直覺，或出神入化到看不出使力痕跡的程度，這又是諮商的藝術。

在科學與藝術兩者不得偏廢的工作中，如何將科學所發展出來的「技術」，藝術地運用，那就要練就一身好「武功」了。

我曾在《諮商手札》一書中看到一段話：

「唯有諮商技術練得爐火純青、隨心所欲之後，才有資格說：技術不重要，態度最重要。」（摘自呂承芬，1999）

我想這句話呈現的觀點，就是學習所有的武功或技能，如彈鋼琴、游泳，一開始一定要下苦工練習基本技巧，甚至要背口訣，直至相當熟練。這基本功的鍛鍊是不能打折的。沒有基本功的基礎，何來日後的運用自如？但相對地我要強調，想成為真正的箇中好手，不放掉這些純熟的技巧，不投入感情和感動，是不可能成功的；不然就會顯得匠氣和僵硬！

彈琴只有熟練後，才能帶著感情彈。這個道理正可適用在做治療上面。一旦你記得音符，曉得手指的位置，讀譜時不費力氣，那麼就能用感覺彈琴。「這就如經驗豐富的治療師經常說『治療是一門藝術』。」……最好又富創意的治療是發自直覺以及與個案的連結上。……如果沒有一再反覆的練習，就沒辦法從大量的經驗中萃取精華，即時應變。（摘自Kottler, & Carlson, 2003/2004, pp.248-249）

平時教學中，我喜歡以金庸的武俠小說《倚天屠龍記》中，張三豐指導張無忌練太極劍的過程為例。那是「無招勝有招」的高超藝術境界，優秀的諮商師要期許自己朝此狀態邁進：

「張無忌不記招式，只是細看他劍招中『神在劍先、綿綿不絕』之意。張三豐一路劍法使完後，問道：『孩兒，你看清楚了沒有？……都記得了沒有？』張無忌道：『已忘記了一小半。』張三豐道：『好，那也難為了你。你自己去想想罷。』過了一會張三豐問道：『現下怎樣了？』張無忌道：『已忘記了一大半。』……張三豐再使一遍，提劍出招，演將起來。眾人只看了數招，心下大奇，原來第二次所使，和第一次使的竟然沒一招相同。張三豐畫劍成圈，再問道：『孩兒，怎樣啦？』張無忌道：『還有三招沒忘記。』張三豐點點頭，放劍歸座。張無忌在殿上緩緩踱了一個圈子，沉思半晌，又緩緩踱了半個圈子，抬起頭來，滿臉喜色，叫道：『這我可全忘了，忘得乾乾淨淨的了。』張三豐道：『不壞，不壞！忘得真快，你這就請八臂神劍指教罷！』」（摘自金庸，1996, pp.992-993）

當張無忌忘記所有的招式，就是他可以融會貫通、隨心所欲地揮灑太極劍法之時。這時，他必定全然專注於使劍，不再計較輸贏生死，劍與人已合而為一。而沒有招式地使劍，對手又如何破解和求勝？

好的諮商師在運用所謂的諮商技術時，要達到不再記得任何技術的狀態，那些技術都已內化成為自己的一部分，看不出「招式」。諮商師才能以真誠的態度全心地對當事人付出關心。在諮商室中，就只是諮商師這個人專心一致地和當事人在當下深刻地交會。

當然，諮商技術要達到這樣內化的境界，需要很長的時間和豐厚經驗；而且，不只是技術面如此，我認為理論面也一樣，更不只是諮商理論，研究人類心理的相關知識，都需要熟讀、透徹理解並融會貫通。

對於新手諮商師，我建議除了在諮商師養成過程的學習和磨練，開始進入工作現場實習時，要盡量在諮商室裡放下所學，只專注在當事人身上。不然，心思會被思考著要做什麼？怎麼做？與怕做不好的焦慮所淹沒，真要你關注的當事人就不見了，也不容易因此累積好的經驗。不過，走出諮商室就要進行科學檢討，查閱相關書籍文獻，接受督導和與同儕討論。

二、「見山是山，見山不是山，見山又是山」的歷程

我覺得學習諮商是要經驗「見山是山，見山不是山，見山又是山」的三階段歷程。

當學習者開始接受諮商師訓練時，會努力如實地學習各種理論、原則、技術，吸收、模仿有經驗甚至大師級諮商師的作法。我還曾經背誦過大師們在諮商中面對一些特殊狀況的經典反應，如當事人挑戰諮商師的學經歷、詢問諮商師私人問題等等。這是見山是山的時期。

當新手諮商師開始進行實務工作時，無不摩拳擦掌想一試身手，急切地要把所學一一加以應用，卻發現實際狀況和之前學過的不完全相同。當事人會問諮商師書本上或練習中沒遇過的問題；當事人對諮商師出招的反應和預期落差很大；有時當事人會有諮商師招架不住的強烈情緒和困境。或者諮商師會受制於學習來的框架，而阻礙了臨場的反應，以致在諮商中捉襟見肘。諮商師開始懷疑理論和實務是否存在很大的鴻溝，過去所學是否有用？

即使有了較多成功或順利的經驗，但到底是做了什麼而成功，卻很難說出所以然來。有時候諮商師對自己所做的感到茫然，常懷疑自己做的對嗎？被督導問到如此進行的意圖或依據，常因回答不了而不知所措，對所做的也愈來愈沒把握。有些諮商師也會迷惘、遊走在所學的各

個不同派典的理論和方法中。但是，既已從事諮商工作，只能硬著頭皮繼續撐下去。這是見山不是山的階段。

等到真正「出師」了，像張無忌流暢自如地使太極劍般，在諮商過程中，確實可以「忘卻」理論與技術，全憑當下的直覺運作，卻能和當事人有深度的心靈接觸與交流。在事後對自己所做的，又都能了然於心，知其所以然。這時就進入第三層次「見山又是山」的最高階段。通常，到了此階段，自己的諮商理論也逐漸成形。

這是諮商工作必然經歷的過程。最痛苦與煎熬的「見山不是山」階段，有時很漫長，要耐著性子慢慢熬，或與同儕相互砥礪，或找到能幫你「增能」的督導，協助度過此一階段。

三、黑白交融、相互流轉的「太極圖」

我也喜歡在諮商工作中納入「太極圖」的概念。

我把太極圖的精神運用在諮商裡，有三個重點：

第一，每個人內心都同時擁有黑暗面和光明面，且黑暗面中會有白點——希望與正面力量，光明面中也有黑點。代表人生各種狀況都沒有絕對的黑與白、好與壞，甚至對與錯。

我常鼓勵學諮商的學生閱讀金庸的武俠小說。金

庸創作的故事中最觸動和最撞擊我的，就是被視為「邪教」的惡人，也有其善良、義氣、忠誠、深情的一面；而一些名門正派的大師，也不乏表面道貌岸然，背地裡無惡不作的偽君子。有些德高望重的長者，則因固著於道統或所謂族群的維護，反而做出傷天害理的事情。像《天龍八部》裡的主角喬峰，本來是大家心目中的英雄人物，卻因為被人揭露出連他自己都不知道的異族契丹身分，讓他成了眾人唾棄的對象，而他竟是由誤殺他父母的這些漢人所收養的孩子，因此成了悲劇性的角色。書中很多橋段都顛覆了所謂的倫理規範、是非對錯，讓我們無法用簡單明白的規準來判斷事情。

好的諮商工作者必須有更高層次的眼光，或說能跳脫社會建構的框架外，較純然地去觀看當事人，理解當事人和他所生存的世界。諮商師大多不需要去評斷黑白及是非，而是儘可能近似客觀地看待事情。

第二，在處理當事人的問題時，太極圖也給我較多元的觀點。當我們在處理所謂的黑暗面時，不但能協助當事人減少受黑色部分的控制和籠罩，更能從另一個角度著手，去強化、擴充黑暗面中的白點，亦即利用雖少但存在的正向能量及偶發的成功經驗，將其加深、放大。

第三，我們要清楚地接受任何人都是黑白共存的，每個獨特的特質也都有其正反兩面的意義。諮商師協助當事人時，不能「除掉」某個特質。如，社會文化視為不好的「自私」特質，某種程度上也能協助我們維護個人權利，讓我們能建立自我界限，或使我們較成功地與父母分化。「自私」對我們是好是壞，全賴我們如何適時適所地運用這個特質。

在一次外國老師帶領的團體裡，領導者和我們相處了幾天後，注意到不少成員都太在意別人的期待和要求，而容易忽略與放棄自己的特性和需求。他特地在團體最後為我們設計了一個冥想活動，讓我們泡個「自私澡」，把自私的特質浸泡入我們體內，來平衡我們討好、犧牲的特質。這和完形諮商的兩極概念很接近。（完形諮商的兩極處理詳見第八章）

因此，我認為一位有效能的諮商師，在特質上要柔軟、有彈性，過度嫉惡如仇、崇尚公理正義，都會阻礙對當事人的接納程度，傷害諮商關係。而彈性和柔軟的特質是能培養的。

四、諮商不是「改變」，而是一種「懂得」的陪伴

大部分當事人帶來的問題和困境多數具有不可改變的性質，即一些已經發生的事實。如想要挽回有外遇而不願回頭的丈夫、無法接受孩子過世的噩耗、在完全沒有預期的情況下因成績太差遭到退學。

因此，諮商師要認清這一點並思考：既然面對的是已發生而不可改變的事情，那諮商師能做什麼？

「對事情臣服，對本然，就是已經發生的事情臣服。事實就是最大，因為已經發生的事情是不能改變……」（摘自張德芬，2007, pp.143-144）

諮商師並非要去改變當事人，也不是幫當事人去扭轉和對抗已經發生的事情。諮商師只能陪伴當事人看見事實、接受事實，然後，把我們的能量轉移到如何因應既有的事實，或在既成

事實的狀況下，找尋可以努力的部分。

例如，被退學的當事人要學著接受慘痛的事實，可能要立即處理兵役問題、考量如何向父母說明並取得某種程度的諒解。接下來，更要檢討被退學的原因、探索自己真正的興趣和能力、了解目前社會提供的機會，並參考這些來規劃未來的生涯。諮商師的功能和角色，是幫助當事人從無法接受且充滿沮喪、懊惱、憤怒、不平的混亂狀態，嘗試積極努力地重新走出自己的路。

想改變、期待改變的是當事人自己。然而，沒有人能改變別人，改變只發生在自己改變自己時。諮商師不但不可能改變已發生的事實，也不能改變當事人；而是促使當事人有動力、有能量，去實踐自己想要改變的期望。

諮商師更要協助當事人清楚分辨哪些事可以改變，哪些事情是不可改變。亦即幫助當事人理解：

「天下只有三種事：老天的事、他人的事、自己的事。」（摘自張德芬，2007, pp.110-114）

屬於老天的事，我們無力干預，只有接受，然後在其中找到自己可以著力的地方；例如發生大地震、遭遇到非個人因素的交通意外等。他人的事，我們更管不了，不管他對或不對，也只有他能決定；例如先生外遇，背叛了婚姻誓言，我們無法逼迫他回心轉意。我們能管的只有自己的事情、想法和情緒。

而且我認為諮商師若帶著改變當事人的企圖，會和「無條件接納」此良好諮商關係的首要條件產生衝突，勢必對諮商工作的效能有負面影響。

諮商師的協助，我認為是一種陪伴者的角色。但「諮商的陪伴」與一般的陪伴並不相同，諮商的陪伴是在真切了解對方下的一種陪伴。

諮商師要以「放空的心，專注傾聽，保持好奇（基於了解當事人的心），適度運用探究」的精神，去了解當事人，再給予精準回應，讓當事人感受到諮商師的關懷與了解。透過回答諮商師的探問，當事人得以重看並釐清自己的問題，或更全面的看待問題，或重新界定問題。

諮商並非當事人秀出自己的故事讓諮商師了解，而是諮商師陪當事人一起了解其故事。當事人對自己的故事有了新的理解或看見以後，就能自己選擇適宜的路再往前走。或許因為諮商師的專業訓練，使他們比當事人先看懂，但這不是目標，幫當事人自己懂得才是最重要的。

所以，諮商師引導當事人述說，不全是為了自己要了解他，更重要的是期望當事人透過述說或經驗，重新建構自己的故事。有效能的諮商的確有可能發生諮商師還不太清楚當事人情況的來龍去脈，但當事人已得到了「啊哈！」的頓悟經驗。諮商師不必因此感到落寞，諮商的主角本來就是當事人，當事人領悟了，諮商師就是有效能的好諮商師。

諮商師還要分辨「照顧者」和「支持者」的不同。諮商師是支持性的陪伴者，而非照顧者。照顧別人明顯意味著對方是弱者，缺乏自我照顧的能力，可能是位受害者需要「拯救」。以照顧者的角色陪伴當事人，基本上違反了諮商相信人具潛能與獨特價值的精神和目標。

我的諮商信念偏向人本與經驗取向，以當事人為主體，並帶有完形諮商學派以及其所深受影響的完形心理學、存在主義及現象學、東方宗教（禪宗）的精神。我相信我的諮商信念也必然包含了我成長的家庭、社會環境以及我的學習歷程，所有吸收進來的價值體系。

下一章將介紹我所理解的完形諮商的核心精神與理論。

第二章 我與完形諮商

完形祈禱語

我做我的事；你做你的事
我不是為了實現你的期待而生活於這個世界
你不是為了實現我的期待而生活於這個世界
你是你；我是我
偶爾你我若相遇，那是件美好的事
若無法相遇，也是件無可奈何的事

（摘自 Nojia, 1992, pp.205-206）

經過十多年的完形諮商教學和實務工作，我發現我已經無法客觀地介紹波爾斯所創的完形諮商理論，只能寫我個人所理解和運用的完形諮商。此學派的核心精神也已成為我的生活指引，以某種型態融入我的內在。這樣說是想讓大家了解，接下來看到的是屬於具有豐富個人風格——我的完形諮商理論。

接觸完形諮商並義無反顧地愛上它，可能有兩個主要原因。其一，是我對人的信念和對諮商的觀點與完形諮商相當符合。在工作過程中，一次次看到人們擁有力量和潛能，使我愈來愈能放心地跟著當事人走，並尊重他們的主觀經驗。此外，完形諮商沒有清楚、嚴謹的步驟和章法，讓我能經常享受「柳暗花明又一村」、「峰迴路轉」的迷人經驗，也因此在工作中感到自己有愈來愈多的自由與創意。

其二，過去我一直是個生活相當規律、做事必定有計畫、喜歡按部就班、最怕突發事件的人。但在完形諮商中，我享受那種一切都無法預期，只能視當下狀況立即因應的冒險與挑戰。學習和運用完形諮商，讓我「安定規律」和「冒險自由」的「兩極」中，自小被壓抑的「冒險自由」那一極，得以釋放出來。我現在雖仍按部就班地生活，但彈性自在多了，也較能以開放的心接受人生的各種突發狀況。我喜歡處在完形諮商提供的這種動態平衡裡。

以下分六個部分，說明我眼中完形諮商的核心精神與工作重點。

此時此地與親身經驗的精神

我認為完形諮商是典型的經驗取向諮商，並以此時此地的親身經驗做為主要的諮商精神。

完形治療最核心的精神，就是親身經驗以及此時此刻的當下。齊克果的名言：「生命不是一個有待解決的問題，而是一個等著被經驗的現實。」（摘自Nevis主編，2000/2005, p.16）

我以實際工作經驗，歸納經驗取向諮商的三項重要假設：

一、只有當事人經歷此時此地的親身經驗，此經驗過的內涵才可能被納入個人的內在系統，產生真正的改變。所以諮商師在諮商中要設計適宜的「實驗」，並協助當事人願意去經驗。

二、當事人願意在諮商中親自體驗、面對過去的傷痛，必須處在一個安全、值得信賴的關係中。

三、能創造一份良好的關係並引導當事人體驗的諮商師，必須是一個真實的人，具備高度自我覺察能力及良好的自我界限。

所以，完形諮商是由一位真實而清明的諮商師，營造一個安全、支持性的良好諮商關係，讓當事人在當下重新體驗過往的事件，以造成當事人自發的改變。

因為要當事人親身經驗，諮商師在引導當事人進入某種經驗時，盡量不以「扮演」某個角色或東西的概念，更不用這樣的說法，而是如真地「成為」。我們不希望當事人只是去扮演，而是能真正成為角色或東西，才能真實地「經驗」。

> 專注在當下去經驗，有別於歷史性的方法。對於後者，重要的問題是問為什麼？是什麼導致現在的狀況？這樣問和思考，人的眼光就離開了當下。因為重在此時此地，所以回想經驗與覺察，不亞於回想的內容。（摘自Nevis主編，2000/2005, p.17）

諮商師為幫助當事人保持在「此時此地」，會盡量不去問「為什麼」，特別是關於情緒與情感方面的經驗。通常問「為什麼」，當事人就容易用頭腦去思考，體驗性會隨之減低。

很多人會問，如果想知道當事人某種情況的原因，也不能問「為什麼」嗎？那又要怎麼問呢？對此問題，我首先要釐清：完形諮商師關心的是當下發生了什麼，不一定要知道原因和理由。人們本就有追根究柢的基本動機，但這種「歸因」的需求，常受限於我們的主觀知覺和過去經驗，會有很高的偏誤和扭曲。想透過詢問當事人來了解所謂的原因和理由，根本是緣木求魚。當事人如果真能正確掌握困境和痛苦的原因，早就能自行走出陰霾，不需求助諮商。問「為什麼」，不是強化了當事人原本扭曲的想法，就是讓當事人感到更大的挫敗。

> 個案常常真的不知道他們為什麼有感覺、有想法，或做某件事。詢問他們為什麼，只是讓他們感到無能或悔恨。（摘自Teyber, 2000/2003, p.141）

完形諮商師為了要讓當事人融入「此時此地」用心體驗。不問「為什麼」，只會問五個W（where、when、who、what、how），以及事情發生過程和當下的感受。

完形諮商的「唯一」目標——覺察

人本和存在取向諮商認為人具有自由意志，有選擇的自由，且要能為自己的選擇負責任。完形諮商也相信適應良好且成熟者，必定是個負責的人。但是當我們做出錯誤的選擇，有時很難真正負起責任，只能承擔後果，而其可能是無法承載之重！

例如，一九九八年清華大學發生的王水殺人事件，洪姓女研究生和原本的好友成了情敵後，兩人相約談判不成，在爭吵推打中，洪生將對方打死，事後並以王水毀屍滅跡。洪生或在憤怒的衝動下做了最壞選擇，但其後果她又如何負責？只能入監服刑，帶著悔恨度過十年青春歲月，假釋出獄還要償付一千多萬元的高額民事賠償。而被害人失去生命，其父母失去愛女，都已是無法挽回之痛。

嚴格地說，真要負責，需要先做出正確選擇。要做正確選擇，先要對自己、周遭的人、環境有清明的覺察；也就是說，不受扭曲、汙染地去了解自己，並看清外在情境，才能為自己做出最好的選擇。正確選擇的結果必然是自己能承擔與負責的。因此，「覺察」成為完形諮商學

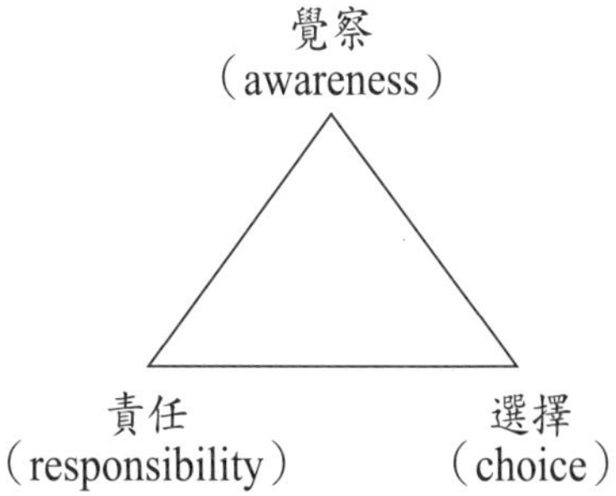

派最重要、最核心的諮商目標。

存在治療大師羅洛・梅（Rollo May）在《愛與意志》一書闡述其治療過程，第一步協助當事人處理情緒後，使其得以覺察並進入自我意識，這時才能做出負責的決定。

我們必須揭露病人的願望，培養他想望（wishing）的能力，以協助他的情緒達到某種程度的穩定，而得以坦承地面對自己——這是治療的一個關鍵起點。第二個向度是從覺察狀態轉化為自我意識。進入這個層次，病人體認到「我即為擁有這許多願望的人」。決定和責任感，是治療的第三個向度，創造出一種行動和生活形態。（摘自May, 1996/2001, pp.393-396）

常有人質疑完形諮商以覺察為最核心的目標，認為那只不過像幫助一位不承認自己是酒鬼的人，「覺察」到自己是酒鬼，但他仍是酒鬼。這對完形諮商的「覺察」是很大的誤解。

我認為覺察有很多層次。最初是意識層面或說認知層面的覺察，剛才說覺察到自己是酗酒者，只是第一個層次。然而這仍是個重要的覺察，酗酒者要戒酒勢必先要承認且面對自己的問題，才有改變的可能。

接下來是情緒與需求層面的覺察，酗酒者要開始探索酗酒行為背後的情緒和未能滿足的各種需求。當他看清楚自己不停地喝酒，除了上癮外，更是在逃避面對自己情感和事業上的挫敗，而這使得他渴望被愛和成就的需求更不能滿足，以致與自己期盼的生活愈離愈遠。

再深入一點，是對自我內在不曾接觸的原始能量的覺察，包括身體的聲音。例如，酗酒者若感覺胸口很悶，悶的感受可能就是他的某些能量固著之處，必須經過體驗以明白那代表什麼，自己要如何去化解那固著的能量，甚至去控制那股能量的流動。

最後一層覺察是與「真我」相遇，能有效掌控和運用自己所有的能量，成為整合且充滿愛與喜悅的人。

完形諮商的覺察層次實際上可能更為細緻，也不一定都依循上述次序。無論如何，要進入更深層的覺察，不是簡單的工作，需要依據當事人的現實度、自我強度等因素緩慢進行。

自我覺察可分三個領域來討論。

一、自我覺察的三個領域

㈠外界（外部領域）覺察

外界覺察為眼、耳、鼻、舌、皮膚等五官所得到的訊息，亦即由五個感官覺知到自己瞬間所接觸到的外在事物。這些覺察也可經由同時在當下的他人得到證實。例如，糖果放進嘴裡所感覺的味道；洗澡時溫水碰到皮膚的感覺，手觸摸肥皂的滑順感；看到木地板的紋路；聽到冷氣機發出的聲響；聞到美女擦身而過的香水味。

㈡內界（內部領域）覺察

內界覺察指情緒與身體感覺，是對於自己體內在此時此地瞬間接觸到的感覺。這些感覺無法由其他方法或他人的感覺來證明。包括喜、怒、哀、樂、懼、餓、癢、痛、蠕動、緊繃、呼吸等等。

㈢中界（中間領域）覺察

中界覺察包括思考、想像、內在語言、擔心、焦慮、判斷、分析、計畫、比較、回憶等運作所得的覺知。中界覺察不受限於時間和場所，覺知的內容可能是過去、未來或現在，也可能是任何場合。

中界覺察是人類發展非常重要的部分，因沒有時間和空間限制，也變成想像力、創造發明的源頭。也因而中界覺察常會過度發展，加上覺察的時間與空間不固定，人們自然不容易活在此時此地。中界覺察也會干擾及打斷另外兩界的覺察，讓人們失去外在感官和身體情緒所提供的覺知訊息。

阿貝托・維洛多（Alberto Villoldo）在《印加巫士的智慧與洞見》一書中，提到中界會影響外界覺察，帶人們離開當下的相同觀點。人只有單純在觸覺、味覺、嗅覺和感覺的王國中，才存在於當下，當中界覺察涉入，我們就離開此時此地，不再去「經驗」了。

> 思想是被眼前某事觸發的記憶，與清新、原創的靈感不一樣。例如，如果你聞到玫瑰的香味，你就是處在芳香的片刻中，不會去思考關於香味等其他事情。而一旦你想到玫瑰或紅色，就聯想到你所知道的東西，把注意力從這個當下的經驗中移開。當沒有思想，就只有香味；當思想進入畫面，你就離開當下。事實上，大多數人的思想是過往經驗的記憶。……七歲左右，思想開始大量出現：我們開始獲得一種自我感，發現我們與世界之間的分界，不再沉浸在觸覺、味覺、嗅覺和感覺的王國中。在此之前，我們沒有思想，只有經驗。後來，我們的經驗變

得愈來愈少，到了老年，腦海不斷縈繞的是過去記憶的思緒。（摘自Villoldo, 2006/2007, p.208）

人在出生之始，除了感官或身體受損傷者，外界與內界覺察能力都非常敏銳，但隨著年齡成長，中界接受太多規則和教條，變得太大、太強，以致外界與內界的覺察能力被壓縮。

中界覺察過度強大也帶給人類一些獨特的問題，如擔心（worry）、焦慮（anxiety）和緊張（nerves）都是人類特有的負向感受，是對未來可能發生的事所產生的感受，不是對正在發生的事所產生的情緒。在完形諮商理論中，不把這些視為真正的情緒，因它們是在中界領域發生，不是內界覺察中的情緒。（現代情緒心理學的生理研究也發現，這種對未來或預期性的焦慮情緒，其自主神經的反應確實和其他情緒不同。）

二、被中界汙染的外界與內界覺察

大頭腦

我有一顆大大的頭
邏輯思考條理清晰
分析事理精闢獨到
預估推理準確絕倫
它的表現得到所有人的讚賞和崇敬
它愈來愈大

我有顆人稱聰慧的頭腦
我全然依賴它
一切唯它是從
忘了它只是我的一部分
忘了我是它的主人
更忘了我的眼淚

忘了嘴角的笑意
忘了心頭的悸動
忘了哀傷的腹部
忘了顫抖的雙手
忘了慵懶的身軀

它愈來愈大
獨占了我的所有
我成了我的大頭腦
大頭腦就是我
大頭腦是我

那　我是誰
我是誰呢？
——中瑋於千禧年端午

中界過於強大，不但使外界、內界覺察慢慢式微，還會時時被中界覺察所汙染。這種汙染常早自人類幼年階段就開始。

被中界覺察汙染的早年階段包括幾方面：

其一，重要照顧者強行灌輸給孩子的偏頗信念：例如，不要隨便接受別人的好處；出外靠朋友，所以不能得罪任何人；交淺莫言深，不要隨便把自己的想法告訴別人；一定要成功，否則會被人看不起；念書是唯一的成功方式等。若孩子覺得這些觀點是絕對的，就會一直隨身攜帶，而影響其他兩界的覺察。有「一定要成功，否則會被人看不起」信念的人，當遇到失敗時，會輕易將別人關心的行為解讀為嘲諷。

其二，重要照顧者壓抑及扭曲孩子的情緒和身體感覺：例如，男孩要勇敢不可以害怕；女孩要順從乖巧不可以生氣；小孩不該有情緒；大人會不開心都是孩子不乖造成的（孩子必須為大人的情緒負責）；你再哭我就不要你了；你生氣我就會處罰你（威脅孩子不可以有情緒）；你一定會冷必須穿外套；你吃那麼少不可能吃飽（否認孩子的感覺）。這些「訓示」當然會嚴重阻礙人們的內界覺察。被教導不可以害怕的男孩感到害怕時，他會不敢承認這種情緒而努力扭曲，也許轉為裝腔作勢的憤怒或乾脆否認自己會害怕。

其三，重要照顧者貶抑孩子的自尊：你那麼笨，注定是失敗者；你總是做不好，永遠比不過別人；女孩比較弱勢。低自尊的人對自己感官接收的訊息和身體情緒的感受缺乏信心，很難相信自己的「覺察」，反而依循或模仿別人的看法與感受。

其四，重要照顧者失職：如照顧者施予情緒性的暴力處罰；疏忽而未能提供適當教養等。在這些情況下成長的孩子，為躲避長期身心的痛苦，很容易封閉自己的感官覺知能力和情緒感受，對自己的存在價值產生懷疑，並對外在的環境充滿敵意，類似戴著墨鏡看世界，一切都是黑暗的。當別人單純地把視線轉到他身上，他卻「看到」別人不懷好意或不屑的眼光。

從上所述，可以了解大部分痛苦的當事人是因為中界覺察過度發展，汙染、扭曲和阻礙了外界與內界覺察，而且無法活在此時此地。所以在完形諮商的過程中，會強化當事人外界、內界的覺察，也協助當事人盡量少運用中界覺察，以保持活在當下。

形象／背景與未完成事件

認識外在世界的第一步，就是能從周遭的背景環境中區辨出目標物來，將注意力集中在目標物上，明顯地辨別它與背景環境之間的界限，也就是能建構成形——完形。

當我們有內在需求，或外在刺激引起我們的需要，相關的內在能量就會匯集全力來滿足此需求，因而形成所謂的「形象」或「形」，其他的就在那一刻退為「背景」。例如，一個飢餓的人到街上買食物充飢，他只會注意販賣食物的商店，別人若問他街上某家服飾店是否打烊了，即便就在他買東西的商家附近，他也可能視其為「背景」而未看到。

當這些成「形」的需求無法滿足、解決，一直回不到背景位置，就容易干擾我們處理下一刻新形成的需求或事情，也影響對新的「形」的覺察清晰度。例如，我們隨時會經驗到肚子餓或尿急時，就很難專注在正在進行的工作上。未完成的學位論文、未解決的親子衝突、暗戀某人卻猶豫不決是否要告白等，帶著這些不是很快就能完成的「形」，多少會影響生活中其他事情的運作。

理想上，生活中正在面對的事情是唯一的「形」，以至於能專心完成此形，使其自然地退回成背景。知道暫時完成不了的「形」也要做某些處理，讓其可以先退卻到背景中，以利新的「形」運作。如此，形象與背景的流轉才能自然流暢。這和東方的哲學觀，過去的就「放下」以及活在當下的觀念很相近。

我的一位當事人有一段失敗的婚姻。她和前夫相識不到半年就決定結婚，她很後悔沒有在婚前多花時間去認識和了解前夫。這個倉促的決定起因於一隻手。

他們在一個未婚聯誼的戶外活動中結識。那天出發沒多久就下起雨來，她在一個斜坡處因路面濕滑差點摔跤，那一剎那一隻有力且溫暖的手拉住了她，她被那緊緊握住的感覺所震撼，當下就在心中默認這個男人可以依靠終身。當事人一直無法理解，自己一向理性、冷靜，怎會因為那隻拉住她的手，就認定對方是她的真命天子？

我們從這感覺探索下去，發現那是當事人自小渴望父愛的「未完成事件」（unfinished

business）。當事人的父親在遠洋漁船上工作，一年半載才返家一小段時間。每次父親回來都會牽著當事人的小手到鎮上買她喜愛的各種玩具，這是她童年最美好的記憶。但當事人小學三年級後，父親就沒再回來過。幾年後，才隱約知道父親外面另有女人，已和媽媽離婚了。當事人再也等不到那握著她逛街的大手。

當事人跟我都懂了，原來一直以來的想望，就在那個下雨的日子裡，得到替代性的滿足。當事人未了的「形」誤導了她對終身伴侶的選擇。

這個案例清楚說明完形諮商理論中有名的「未完成事件」。當我們的一些重要核心需求無法滿足、解決，會使能量停滯無法流動，干擾到當下要處理的事情和覺察，就變成了未完成事件。換句話說，未完成事件就是回不去的「形」，一直和之後面對的各種新的「形」，即新的選擇及決定並存，影響人們對新的「形」的覺察和因應。

每個人都有一段幼小無助的成長過程，外在的家庭環境不見得能完全保護我們，所以每個人多少都有一些情感和需求無法滿足。人們發展出各種行為策略以替代性的彌補，但並不能真正滿足心理的需求，只能讓我們順利長大。之後，即使情況已和過去不同，這些過往的生存法則仍經常無法彈性調整和改變。

諮商師要幫助當事人探索自己過去的生活，運用如空椅法等實驗方式加以處理，用其當下的眼光重新經驗，以現在的力量來滿足自己內在小孩過去的需求。

電影《扭轉未來》（The Kids）的主角洛斯在將近四十歲時，和已被遺忘的八歲自己相遇。他們回到過去，再度經歷小時被霸凌、被父親嚴厲責備以及母親過世的痛苦經驗。再走一回並無法改變已發生的事實和結果，但是在旁同行、已長大的四十歲自己，卻能了解父親的斥責是來自父親對妻子病危、之後要獨自面對照顧孩子的焦慮和悲傷。而母親的死更不是小洛斯的錯。過去這些一直被視為不堪回首的記憶開始質變，男主角可以放下那些未解的結，重新擁有不同的人生。

形象與背景——因為接觸需要差異，「形象／背景」是接觸的一種功能。如果沒有接觸，場域就沒有分別，也就沒有形象和背景。大部分時候，背景是在我們的覺察之外。在完形治療中，它取代了大部分其他心理學通常所謂的「潛意識」。背景，我們當下沒有覺察到的場域部分，是動態而且有組織的。（摘自Nevis主編, 2000/2005, pp.27-28）

由上述可知，形象／背景的概念需要在「接觸」的狀態下才能顯現。下面就要詳細討論完形諮商理論中「接觸」的觀點以及接觸循環圈。

接觸：接觸循環圈與逃避策略

要對自我有清明的覺察，必須先和自己內在有好的「接觸」。要看清外在環境，也需要與外界有所接觸。諮商師要了解當事人，當然要和當事人真正接觸。處理當事人的困境，也要當事人願意和他自己的問題接觸。簡單地說，當一個人真正用手碰到自己的臉頰，就是手與臉頰的「接觸」；當諮商師和當事人四目相視，則是兩人目光的「接觸」。

因此，人與人的接觸必然牽涉個人自我界限問題。就如國與國的邊界分出不同國家的領土，而自我界限則畫出個人的領域「範圍」，區辨出此人與他人或外界事物的差異。當一個人的界限不清楚，分不出人我或外在事物與自己，自然談不上「接觸」。因沒有邊界與界限，就沒有兩個人或人與事物的接觸可言。所以，「接觸」及「界限」是完形諮商的核心概念。

接觸也是完形治療的重要概念。接觸是差異的體驗。沒有差異，就沒有接觸。從人與人關係上思考：人們為了相會，他們必須在他們的相異處接觸。不知道我們怎麼不同，就沒有關係存在。（一對彼此試圖都要像對方的夫妻其實是在避免接觸，逃避關係）。……在完形治療中，接觸界限並不屬於某一邊或另一邊。它的相會是共同創造出來的。接觸的界限只有在界限事件本身存在時才存在。當相會結束時它就解散。（摘自Nevis主編, 2000/2005, pp.24-27）

從引述中可了解，接觸也是此時此地的，在接觸的剎那，界限才變得清晰。此外，我認為自己與自己的問題「接觸」也需要有「界限」。若沒有界限，自己和自己的問題就容易混淆，甚至以為自己就是問題。

一、接觸的循環圈

一個人的心理需求要得到滿足，必須先與此需求接觸，再透過本身能量的流轉來因應此需求。此能量的循環在完形諮商裡稱為「接觸的循環圈」。

接觸的循環圈內能量的循環，從能量的啟動至重回到起點，會經過八個步驟。以下先說明循環圈的八步驟，再以實例詳細解釋。

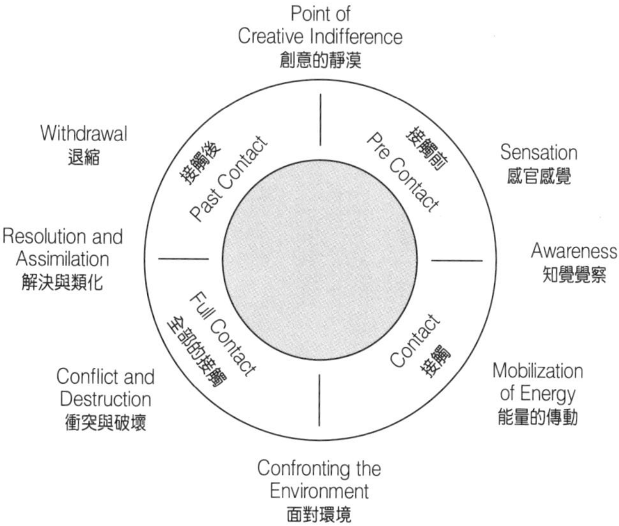

接觸的循環圖

循環圈的起始是從「創意的靜漠」（Point of Creative Indifference）——一種蓄勢待發前的靜止點→「感官感覺」（Sensation）→「知覺覺察」（Awareness）→「能量的傳動」（Mobilization of Energy）→「面對環境」（Confronting the Environment）→「衝突與破壞」（Conflict and Destruction）→「解決與類化」（Resolution and Assimilation）→「退縮」（Withdrawal）→回到「創意的靜漠」。

從接觸的觀點，循環圈中第三步驟（覺察）之前，亦即第一、二步驟為「接觸前」階段；第三、四步驟是「接觸」階段；第五步驟（面對環境）和第六步驟，進入「全部的接觸」階段；第七步驟（解決與類化）和第八步驟（退縮），則是「接觸後」階段。

下面用一個小男孩的例子，說明接觸循環圈的整個運作歷程。先看順利循環一圈的情形，再討論各步驟受到阻礙時如何產生「逃避策略」的狀態。

一個五歲小男孩，午夜獨自在他的房間熟睡。突然天氣變壞了，閃電、打雷，閃光和雷聲驚醒了男孩。此時男孩已從靜止點到了感官接收這些外在訊息的第二步。小男孩記起媽媽說過壞巫婆吃小孩的故事，這可怕的閃光和巨響一定是巫婆要來抓他了，他感到非常害怕，於是升起要人保護陪伴的需求（知覺覺察）。內在強烈的情緒與需要迫使男孩的能量開始運作，轉而注意身邊的一切，以尋求支持（能量的傳動）。

小男孩想到爸媽睡在隔壁房間，他們是很厲害的大人，可以保護他（面對環境）。於是拿著小被子和熊寶寶，跑到爸媽房間，吵醒他們，要求和他們一起睡，才不會被巫婆抓走（衝突與破壞：要解決需求，一定要變動外在環境原有的狀況，即所謂的「破壞」，小男孩破壞了父母的睡眠；若父母不准他進來一起睡，他可能哭鬧、哀求，就是「衝突」）。

爸媽接納小男孩，讓他睡到兩人中間，並安撫他絕不會讓他被巫婆抓走。於是男孩的需求得到解決，因此需求所生成的能量，自然逐漸「退縮」，而回到起點的靜止狀態。

能量循環圈隨時會因內在、外在刺激而啟動，等各種需求或狀況得以滿足或解除後，再回歸平靜，等待下一次的運作。

二、逃避策略

人生不如意事十之八九，循環圈的運作也常遇到阻礙。在不同的步驟遇到障礙，真正的情緒、需求無法被處理，就容易發展出各樣「逃避策略」來因應被卡住的能量，類似精神分析學派防衛機轉的概念。

逃避策略是在我們無法順利「接觸」自己的需求和情緒時，為了要滿足需求、平復情緒而發展出來的替代方式。

以下詳細說明各個策略的不同逃避方式，及如何直接破解這些已成為習慣的逃避模式。

㈠解離（deflection）

解離策略是一種精神混亂的歷程，使人關閉各個感官，無法和外界保持持續性的接觸。具有解離傾向者會藉著頻繁使用幽默以及不實際的類化與發問，來逃避不述及自身的問題。因此，他們與環境的接觸建立在一種接收不良甚至經常斷訊的基礎上，致使他們在情感上感到空虛。解離作用使得情緒經驗逐漸減少，與人接觸時只是不斷地談論別人的事，也無法與自己的內在接觸。

過度使用此策略的人，可能會嚴重到只要主觀感到有威脅的狀況，就變成不聽不見，與自己的情緒完全隔絕，或用其他方式逃開自己的覺知。

《潮浪王子》這部老片中的男主角湯姆，就是一個典型使用解離策略的人。劇中，湯姆和妻子莎拉在海邊散步，莎拉想談雙方疏離和混亂的婚姻關係。開始時湯姆都是敷衍的回應。在太太提出關鍵問題時，湯姆突然手指向天際，狀似興奮地說：「看！北斗七星！」莎拉受不了湯姆這種解離式的逃避，哭著跑開。湯姆在心理治療過程裡，也常顧左右而言他，甚至兩手一攤，哼句歌帶過。治療師面質他時，他就辯解南方人的生活哲學就是要以幽默面對生活困境。

一般人也會運用解離策略逃避自己的感覺。當沉浸在自己最有興趣或最有壓力的事情時，常會處在暫時的解離狀態。如趕一份重要報告時，感覺不到肚子餓或肩膀痠痛；和自己最害怕的主管開會，完全感覺不到冷氣太強，也不會注意自己的手已經凍得變色；總是擔心自己不受歡迎，要求自己永保好脾氣形象的人，遇到不合理或被人欺負的情況也無法生氣。

解離是人們在某些自認有危險或威脅的情形下，關閉了感官和情緒感受。處理此逃避策略時，是和自己的內在情緒經驗重新接觸，練習運用各個對外的感官來做外部領域的覺察練習。若早年遭受較大的創傷經驗，要先做處理，才有可能真正開啟各個感官的正常運作。

我曾諮商一位小時候受到性騷擾的當事人，她告知單親的父親自己受到欺負時，竟被父親責打和限制行動，並要求當事人不可穿裙子等有女孩特色的服裝。她的成長經驗因此被嚴重扭曲，非常封閉和厭惡自己。但其實她很漂亮，也非常聰慧，雖因家境不佳，需要半工半讀才能完成技職體系的學業，但表現優異，畢業後即在一家大企業擔任重要職務。她因為很難和異性發展情感關係前來諮商。我們會面很多次，她慢慢有了改善。

很讓我感動的是在最後幾次諮商的週間，她決定回到小時候生活的村子去「完形」。回來後她告訴我，她騎著腳踏車在鄉間小路亂逛，「我感覺風吹在雙臂的清涼，陽光照在身上的暖意，還有聞到青草的香味！你知道嗎？我已經好久沒有這些感覺了，我發現我現在才有活過來的感覺！」我永遠記得她說這些話時，臉上的光彩和飛揚的眼神！

㈡內攝（introflection）

內攝策略是將外在環境的某個部分，當成自己內在的一部分，通常是父母等重要他人提出的「應該」、準則、信念，未經過消化或選擇，就被囫圇吞進我們的內在。其特色是未能和內在的其他部分同化一致，因此與我們的真實感受不相容。它會有自己的獨立生命，不斷地自行運轉，不理會自己真正的需求、處境的變化和此時此地的狀況。長久下來，大部分人也會誤認內攝是自己給自己的期許與要求。

我們沒有把內攝進來的各種規條加以消化，所以認定那是不可改變的信念。例如，我自小吞進外婆的告誡——懶人屎尿多。很長一段時間，當我希望別人視我為認真、勤奮的人，不想被人批評偷懶時，我不敢隨意去上廁所，卻從未注意到自己這種荒謬的行為。直到新婚後第一年在婆家過除夕，那天的經驗讓我驚覺自己已把內攝進來的規則無限上綱了。當天下午和婆婆及兩位嫂子在廚房準備拜天公的牲禮和年夜飯，中途我感覺尿急卻不敢去上廁所，忍得好難受。直到看見大嫂去上廁所，才救了我快潰堤的膀胱。那晚躺在床上，想著下午離譜的情形，婆家人對我非常好，我怎麼連上廁所都不敢？忽然那句訓示閃過腦際，才發現自己已被嚴重的內攝規則操控了。

有些人也會內攝父母對自己不合理的指責或誇大的批評，以此攻擊自己，對自己不滿。

我認為所有逃避策略中最核心的就是內攝，是其他逃避策略的根本。例如，我們不接受、不喜歡自己的某些特質，然後把它投射出去。但我們為什麼不接受這個特質？沒有人天生就不喜歡某些特質，都是內攝來的。像前文小男孩的例子，若他投射自己的害怕到小熊身上，那可能是因為父親認為男生不可以害怕、他先吞進自己要勇敢的規則；某女討厭能展現自身性感的女人，她無法接受自己也可以展現性感，是因為自幼母親就告誡她，好女人要端莊、內斂，展現性感和打扮豔麗都是壞女人的行徑。她先內攝母親的話，當感覺自己也有想展現性感的需要時，只好把它投射出去。

內攝的規則、要求、期待，很多是必須遵守的社會化規範，而不是錯誤的。例如父母要求孩子一定要十點前準時回家，這樣的規定並沒有錯，對小孩來說也合理。但因囫圇吞棗式的內攝，是不加以思考就無條件地一味遵行，並忽略自己的真正需要和當下狀態。規則若成為不變的真理，完全沒有彈性，就成了一種強迫性的控制。某天去國家劇院聽一場很棒的音樂會，也必須在十點前趕回位於郊區的家，就是一個不合理的規定；或孩子已經長大成人，需要修改門禁時間甚至取消，不然也會是個「惡法」。

我曾遇到一位女性當事人，她結婚後即使和先生一起參與重要應酬，到了以前父親規定的返家時間，她就會焦慮不安到難以待在大家都很愉快的場合。

由於內攝是在幼年形成，且是最核心的逃避策略，處理起來並不容易。比較淺層的處理，可以重新檢討自己的內在規則、自我要求、自我批評等，先以聯想方式完成下述語句，如「我一定……」、「我必須……」、「我不可以……」等，再逐一檢視寫下的句子，有些可能並不真實或不再適用，需要放掉；有些要配合現今環境適度修改；有些要變得更有彈性。較深入的處理，需要用空椅法（詳見第六章）和重要他人對話，把他們的要求和期待還給他們。

> 如果我們是根據我們所內攝的來生活，我們的行為很可能是模糊而沒有色彩的，我們的圖像若不是根據我們自己的羅盤，那麼就會失去自我引導式的機靈與確定，在別人看來我們變得似乎不再真實，而我們也的確如此。（摘自Nevis主編, 2000/2005, p.42）

㈢投射（projection）

投射是將自己內在的某個部分當成外在環境的一部分。例如，逃避不接受自己的性感特質，而對一個性感的他人加以批評、指責。在投射狀態下，我們將無法區分內在、外在世界的分際。如此可以逃避為自己的情感及自己本身負責，但也失去主動改變自己的能力與機會。

完形諮商理論認為，我們會討厭別人，絕大部分是因為看到對方擁有我們自己不接受的某項特質。我們也會把自己的各項特質投射到夢中的東西上。

投射的逃避策略是把自己不能接受的一些部分放在別人身上，所以需要把那些丟出去的特質拿回來。以「成為」討厭的人或特質、「成為」夢中的各種東西，去體驗那些特質其實是自己也熟悉和貼近的，才有機會慢慢把投射出去的部分撿回來。我曾經扮演希臘神話史詩中凶狠、陰沉的地后，找回我的黑暗負向能量。很神奇的是，我可以開始覺察和接納其中的憤怒和恨意，反而能用一些創意和幽默的方式恰當地表達出來。

(四)回射（retroflection）

回射策略是因不能直接表達對他人的需求、渴望、情緒，而回頭轉向自己。多半是真實表達內心需求後，卻仍然無法獲得滿足，甚至受到傷害或責罰，而發展出來的一種行為模式。常表現在肢體上的收縮行為，為的是防止自己的內在感受往外發洩，如肩膀緊繃。

電影《扭轉未來》中，男主角八歲時因犯錯被父親嚴厲責罵而哭泣，父親大聲喝斥他不准哭，並用手掐他的眼皮。長大後，他一焦慮眼皮就會不自主跳動，但他不但忘記小時候受父親責備那件事，也感覺不到自己的焦慮。

回射策略會把對他人的負向情緒，如生氣，轉回對自己生氣。如經常受酗酒父親莫名責打、謾罵的孩子，總因害怕父親的權威和力量，無法回嘴和抗議。慢慢地他會厭惡自己，生氣時是以打自己或以頭撞牆來發洩。這樣下來，許多能量會在身體中累積，但他不敢也不能滿足自己的需要，還要耗費能量來壓抑自己的需求，只能用自我傷害的方式來因應。

小時候就經常使用回射策略的人，因難以承受其痛苦，可能只好將之遺忘，稱為**被遺忘的回射**（所謂的壓抑）。此外，罪惡感常是對他人憎惡的回射。

回射策略就是無法表達出真正的感受和情緒，處理時需要先覺察到這些原先要向外發送卻被壓抑的情緒。完形諮商有一種「誇大技術」，請當事人將其不自覺的重複性動作或不自主的行為，以誇張的方式表現出來，目的是要覺察當初以此動作所壓抑的情緒。覺知到這些情緒後，再運用空椅法把過往不能直接表達的部分，充分地發洩出去。

(五)自我中心主義（egotism）

自我中心主義策略是因反覆內省，與過度確認沒有危險、意外，或冒險的威脅，而減緩了個體自發性去體會滿足的過程。起因於過去太多不安全的經驗，使其無法體會已滿足或解決的結果。也可能因太過重視自己，以致忽略環境所提供的資源以及與環境的互動。

例如一位自小不被父母關愛的女孩，長大後雖遇到深愛她的男子，她也不容易接收那種被珍愛的感覺，甚至常以各種方式試探、考驗對方的感情。

處理自我中心主義的逃避策略，可以帶當事人在當下體驗需求滿足的感覺。

> 自我中心主義在自我中心有接觸界限的事件相會。那造成圖像的人只專心在他自己對於相會的貢獻。其中的相互性不是缺乏就是非常少，……唯一在乎的只是個人的自我感。因此，沒有互動，沒有給予和接受。（摘自Nevis主編，2000/2005, p.42）

㈥混淆／融合（confluence）

無法清楚覺察自我與環境的分化，亦即無法區分內在經驗與外在現實。所謂環境也包括重要他人。在關係中，兩個人的信念、態度和感受混合，無法認知雙方的界限和差異。

有時「混淆」也是一種融合的現象，故「健康的融合」是美好的經驗。如諮商師暫時進入當事人的內在世界與其經驗融合，感同身受當事人的感受，即所謂健康的融合。那是暫時的，不會損及人們原有自我的完整性，自我界限仍能清楚地區分外在與自我。但不健康的融合則造成嚴重的混淆，使人不願意發現自我的資源，無法個體化，也不能容忍自己單獨的存在。

協助人們建立個人的自我界限，包括情緒界限和身體界限，以處理混淆的逃避策略。（自我界限的建立請參考第四章）

三、循環圈與逃避策略

人的內在能量在循環圈的不同步驟被卡住，容易產生某個不一樣的逃避策略。下面再以上述小男孩的例子，說明兩者的關係。

當小男孩吵著害怕巫婆來抓他，要和爸媽一起睡，爸爸非常生氣地斥責他：「哪有什麼鬼巫婆？你是男孩子，怕什麼怕，還哭，沒出息！給我滾回房間，再讓我聽到你的聲音，我就過去揍你！」這使得男孩無法滿足他的需求，在「衝突與破壞」步驟上遇阻，小男孩可能只好回到自己房間，躲在棉被或床底下哭到睡著。若只是偶發的阻礙——爸爸那天加班，累得頭疼，好不容易睡著，才會發那麼大的脾氣，小男孩第二天早上睡醒，爸爸幫他準備了豐富的早餐，還向他解釋世界上沒有巫婆，昨天只是閃電打雷，要小男孩不必害怕。這也算類化式地解決了小男孩的需求，能量還是可以某種程度的全然退卻。

若這是小男孩常經歷的狀況，就算再害怕、再委屈也不敢辯駁或懇求，而硬生生吞下已升起的情緒，能量就退不回去。經過多次相同經驗後，小男孩可能發展出「回射」的逃避策略。同時，男孩的父親若經常對他嚴厲打罵，讓他感到無助，覺得世上沒有人願意關心他、保護他，因為他是個沒有價值的人。經常面對難聽刺耳的謾罵和疼痛凶狠的責打，迫使男孩慢慢關閉感官，發展出在啟動循環圈後的第二步驟「感官感覺」，將能量堵住的逃避策略「解離」，再有可怕的閃光和聲響出現，男孩也似乎視而不見、聽而不聞了。

若小男孩的遭遇還不至於這麼嚴重，只是父親對男孩要勇敢的強烈期待，不斷強調男人要勇敢，不能害怕，不能哭。當遇到讓男孩害怕的情境，他會自己形成扭曲的解釋或否認，告訴自己：「沒有巫婆，我是勇敢的男生，我不害怕……」於是形成「內攝」的逃避策略，不去覺察自己真實的情緒，不承認內在真正的需要，而以重要他人的規則和期待來覺知及生活。

小男孩若沒有全然接收父親的要求和期待，仍會感到害怕，但他又記得「害怕是不對的，不是勇敢男生該有的表現，會變成沒出息的娘娘腔」這樣的訓示，他可能轉而指著熊寶寶的鼻子，狠狠地責備它：「你不乖，你不可以害怕，害怕就不是男生了，你是個被別人瞧不起的膽小鬼！」這時他發展出「投射」的逃避策略。在「面對環境」步驟，因環境中找不到可以解決問題的好方法，最容易發展出投射的逃避策略。

最後的「接觸後」階段，雖然男孩可以得到父母的安慰，讓他睡在大床。但小男孩之前的經驗是父母經常說話不算話，例如，忘了去接他，害他獨自留在幼稚園，老師聯絡不到父母，又急著要下班赴約，將不滿牽連到小孩身上，對男孩很沒耐性、很凶；或是答應要教他騎車，會幫他平衡車子，卻分心和鄰居聊天，讓他摔了一大跤。所以，當他睡到爸媽中間還是無法安心，覺得會不會他們自顧自的睡覺，巫婆一樣會把他抓走，這種實際得到滿足但能量仍是窒礙的，是「自我中心主義」的逃避策略。

最後，能量在「退縮」步驟卡住退不回去，容易發展出「混淆」的逃避策略。如果小男孩的父母具有過度焦慮不安的特質，孩子和他們睡在一起，好像是滿足了他的需求，但小男孩仍會因為感受到父母的緊張不安，無法真正放心、不再害怕，於是能量仍停滯於此，回不到蓄勢待發的靜止狀態。

大部分的人都會發展出一種以上的逃避策略，但也最習慣以某一種逃避策略來因應生活困境。使用逃避策略時，人就無法真實、清明的去覺察自己內在的情緒和需求，而以扭曲的方式覺察外在的世界。如果完形諮商要幫助當事人達成最核心的目標——覺察，就要好好處理這些逃避策略。

負責的語言形式

逃

我可以躲在「我們」中間
我可以藏在「人家」背後
說說「他」、談談「你」，「我」在哪？
別管那麼多！

問個問題，撒下一片煙霧
看不清我的需要
聽不懂我的不滿
抓不到我的逃避

說聲「我不能」，舉起高大的盾牌
不用去嘗試
不用負責任
不用冒個險

我想要人們能看到我

但是

但是

但是

溜還是上策

——中瑋（一九九九．五．二）

完形諮商非常重視負責任的語言形式。有些時刻我們會以語言的表達來逃避。如此不但降低個體自我覺察的能力，並規避了自己的責任。

當事人常會用第三人稱代替第一人稱來說話，讓自我消失在他人的煙霧彈之下。我曾為一位擁有高學歷、位居公司要職的男士及其妻子進行婚姻諮商。前幾次男性當事人都如此表達自己的感受：「**很多人**都是沒考慮清楚就走進婚姻……」「**人們**在婚姻中總是得配合對方的生活方式，但其實**他們**根本看不慣對方的生活習慣，那很不像話……」當事人話中的「很多人」、「人們」和「他們」指的就是他自己，但他就是不願或無法用「我」來表達。這樣似乎就不是自己的錯誤，可由「他們」或「其他人」來承擔責任。

另外，是用詢問來掩飾自己真正的感受和需要。在諮商中，當事人問諮商師問題，或用疑問句表達對諮商的不確定時，大多代表當事人不願意面對自己的感受和需要，更不想為滿足不了自己的需求而負責。

諮商師遇到當事人的詢問，不要馬上努力地完整回應；或擔心回答不了，一下子慌了手腳；或是被當事人質疑的口吻打擊信心。要先靜下心來，仔細聽懂當事人問題背後的真正意思和需要，或直接請當事人轉換成肯定句再說出來。

例如，當事人問：「你覺得我的問題嚴重嗎？到底需要多久才會好？」要傳達的可能是當事人很擔心、焦慮自己的狀況，並急切希望自己趕快有所改變，但又很怕面對此焦慮感，所產生的一種逃避的語言形式。諮商師可以輕鬆、自然的請當事人用肯定句直接說出自己的需要和感受，可能是：「我很擔心我的問題很嚴重，怕要很久才能好起來，那要花很多時間和金錢。」或「我不知道我的問題是否很嚴重，但是我希望能很快好起來，不再那麼痛苦！」

在諮商前期，當事人無法自行改成肯定句，諮商師可以替當事人說。例如，「感覺你問這問題的意思，好像是你非常擔心你的問題很嚴重，怕要花很多時間和金錢才能好起來。這樣的說法是你的感覺嗎？」

另舉一例，當事人說：「我今天講的和我原先想說的不一樣呢？你會不會覺得很亂，聽不太懂？」諮商師若沒有這種感覺，就讓當事人直接把問句改成肯定句，直接說出自己真正的感覺。當事人可能很擔心自己的表現，或誤以為諮商師對自己沒興趣。（很多人認為諮商師都是很熱情溫暖的，但諮商師有可能是習慣性的冷靜反應，不符當事人所預期，於是會解釋成諮商師不欣賞自己。或當事人在平常的人際關係上，容易受到忽略或較不受歡迎，很快地把別人對待他的狀況投射到諮商師身上。）

人們很習慣直接說「我不能……」或「我不會……」等逃避責任的說法。只要承認自己沒辦法、不能、不會，這事實無法改變，這不是我願意的、我想的，也就不需要負責了。

當諮商師聽到當事人說出這些不負責任的話語，只要能清楚地分辨，不必急著跳下去為當事人負責。而讓當事人改用為自己負責的方式，表達並經驗自己的感受即可。

由外在支持轉為自我（內在）支持

完形諮商認為人需要慢慢從外在支持轉為內在支持。

自我支持是指人對自己全然的接納與信任。自我支持者是一位相信自己、肯定自己，不靠外在掌聲來支撐自己的人。他至少具有五種特性：一、自我覺察的；二、自我選擇、自由的；三、負責、自主、獨立；四、真誠而真實；五、不控制他人亦不受他人控制。

要能夠自我支持必須打開層層包裹的盔甲，活出「真我」。反之，外在支持者則多靠外在力量來支撐，以他人的肯定來認定自己的價值。

兩者並非全有或全無。自我支持的人，有些時候、有些事情，也需要「依賴」他人的幫忙和協助。例如，某人遇到重大的失落事件，感到非常悲傷、憂鬱，這時他需要朋友的陪伴和支持，才能度過哀傷的過程。這是一個短暫的狀態，並不代表此人往後都需要靠外在支持而活，也不減損其自我獨立性。

在此討論的內在、外在支持，專指心理層面。像老年人因身體老化，行動上需要受人照顧；或因病失去自理能力，全靠他人協助才能正常過生活的人，只要不影響到自我意識的獨立及對自我價值的肯定，仍可能在心理上是自我支持的。

依此觀點，完形諮商幫助當事人慢慢增強自己的力量，相信並肯定自己。如此就能逐漸從依賴外在支持而存在，轉而自我支持。在諮商中，諮商師的主導性也會隨著當事人更為自我支持而降低，給當事人充分的機會經驗自己的能力和力量。因此，完形諮商工作的重點以「增能」（empower）——賦予個人感到自己是有能力和力量的過程——為首要。

此外，完形諮商師協助當事人達成自我支持的狀態，必須經歷相當艱辛的追尋「真我」過程，會像剝洋蔥般，當一層層剝開裹住真我的虛假層，總要讓人淚流不止。

波爾斯發展出精神官能症的模式，對神經質困擾提出五個層次的結構（Clarkson & Mackewn, 1993/1999）。

我認為這五個層次是當事人在諮商中要經驗追尋自我的歷程。一層一層地往裡走，每剝一層就要面對下一層的功課，直到遇見「真我」，並能適當地運用真我的所有能量。

第一層是「陳腔濫調層」或稱「虛偽層」，人們在這一層就如戴著過度社會化的面具生活，與人互動都是虛假的表面文章，說一些和個人內在真實感受無關的應酬話。

第二層則是「角色層」，人們以扮演的各種角色對外與他人互動，表現出來的是此角色被期待的行為，個體真實的感覺和行為都被壓抑在這些角色之下。華人社會的婦女，經常一生都受限於她所扮演的女兒、妻子、母親、媳婦等角色而失去自己。一位天真的小女孩問媽媽：你是誰？媽媽很快地回答：我是你媽媽呀！孩子再問：那你不做我媽媽的時候，你是誰？她媽媽想了一下說：我是你爸爸的太太呀！小女孩又問：那你不是爸爸的太太的時候，你是誰呢？這位好母親當下愣住，不知該如何回答。她想：我是誰？失去了這些角色我能是誰呢？

第三層是剝開虛偽的互動和扮演的角色之後，人們要面對的狀態——「進退兩難層」。不再有虛偽的社交行為和角色期待的面具保護，人們本該去面對尋找真實自己的責任，但就像剛才提到的母親一樣，一下子找不到自己。不甘願退回去躲在面具下；對如何找到自己和運用自己的能量，更一無所知。處在此層的人們，總是進退失據、焦慮、混亂，感到自己被卡住。

走過進退兩難層，進入第四層「死層」或稱之為「內爆層」。人們已經找到本身的能量，但是感覺能量是從內在衝出來的，不相信自己可以適當地掌控這股強大的能量。所以費力地將它們綳緊，不敢釋放出來，害怕它們一出來，不是被自己的能量衝擊而死亡，就是把他人嚇壞而遠離我們。為了控制這些能量，整個人會有類似耗盡所有力氣而癱瘓死亡的感覺。

若能熬過進退兩難層的動彈不得和焦慮混亂，再度過內爆層的煎熬，人們就能進入「真我」生命核心所在的「外爆層」。到達此層，人們就能真實地活出自己，能夠自在地經驗和表達自己真實的感覺與情緒。

我以追尋自己內在憤怒能量的過程，說明這五個層次的歷程。

青春期的我，想留給人們端莊嫻熟、溫柔乖巧的形象，讓大家都喜歡我，總是壓抑自己原有的率直和正義感的特性，平時小心翼翼、客套地與他人互動。真的受不了不公平的對待或看不慣一些人的作為，想去辯駁或為他人爭取權益時，總是一開口就因複雜的情緒而流淚，什麼氣勢都沒了。那時我一直充滿委屈感。

當我要與自己內在的憤怒能量接觸，首先必須打破最外層社會化的虛偽面具。開始接受諮商後，我慢慢放下要討好每個人的不合理需求，於是在不熟的人面前，我比較能夠表達一些自己的意見，要求一些我應得的權益。像店員賣給我瑕疵品時，我敢堅定地要求退換；過去有人插隊或搶了我的位置，我只是氣得想哭，而無法大聲指責他們：不可以這樣！

可是我還是受制於想做個好學生、好女兒、好老師和好太太。在與這些角色有關的人面前，我仍是戰戰兢兢地面對，努力隱忍我的情緒，特別是不滿的情緒（好像只有不滿的感覺，生氣則是連察覺都不敢）。

在自我探索的過程，我發現我最在乎的是不能讓父母丟臉。媽媽是個認真盡責、極有愛心的小學老師，爸爸是從不發脾氣的優秀公務員。我必須讓他們放心，他們教出我這個好孩子。我花了很大的力氣，才相信即使我表達生氣，只要合理，他們一樣會接納、肯定我。

接著，我進入讓我不安、恐懼的進退兩難狀態。我不為好形象而活，不為我該扮演的角色而活，那我該怎麼活著呢？我開始不知所措，不想回頭躲進面具之後；但也不敢往前行，我不知道自己該依據什麼準則行事。那時我覺得自己陷入憂鬱狀態，約持續兩年。

我不斷練習內界、外界的覺察；進行家庭重塑，整理家庭對我的影響，並學習接納自己的不同面貌；處理我內在的兩極衝突，進而某種程度地整合自己；透過相關的工作坊，調整我與別人的關係。花了很多金錢和時間，期間我發現自己的憂鬱狀況逐漸改善，但是並非一切都變得美好，而是又出現了另一種可怕的感覺。

我開始常常覺得很生氣，內在有一股強大的怒氣想衝出來，讓我非常害怕。覺得自己快要被這股炙熱的能量燒毀，更覺得我快要噴出火把身邊的人燒掉。偶爾在一些比較陌生的場合，那些能量也會無法控制地衝出一些，那時覺得自己很恐怖、很凶惡、很冷酷，都快不認識自己了。當然，我費力地壓住它們，盡量不許它們露出來。

這段時間我參與了完形諮商團體，也和帶領團體的諮商師進行了幾次個別諮商。他特別注意到我的狀況，第一次要我在團體中「成為」一個凶狠的海盜，練習使用內在澎湃的憤怒能量。那一次我還無法真正進入這樣的角色，成員們笑我這窩囊的海盜好像還被俘虜來的人欺負呢！有一次，團體演出一場希臘神話（每個人成為劇中與自己要處理議題有關的角色），我成為地獄之后，因嫉妒姊姊嫁作天后，過著勝過地后千百倍的天上生活，地后將天后騙至地底，要置她於死地。那次，我終於淋漓盡致地表現出凶狠殘酷的面貌。

經歷了這個演出，我收編了我的負向憤怒能量，也開始能逐漸適宜地運用這股力量。那年過年，為了購買從夫家澎湖返回台北的機票，遭到很不合理的對待，差一點必須繞道台南才能回家。我不甘心，賴在櫃臺前，高聲告訴其他旅客航空公司的「罪狀」（私下賣人情票），逼得公司高層出面解決。我在飛機即將起飛前一刻，坐上了飛機。而且，我巧妙地運用內在憤怒的能量，讓自己依然以優雅的姿態爭取到應得的待遇。我更因此對自己充滿信心——我能夠掌握自己內在的黑暗能量。

現在的我，可以充分發揮正義感，但是脾氣並沒有變壞。我還是一位溫和而堅定的人。

很多對完形諮商有興趣的夥伴，都希望趕快學會各種「技術」，能運用在實務工作裡。我認為要有效地使用完形諮商，重要的不是那些運作方法，而是對完形諮商的理論和核心信念有透徹、扎實的理解。所以我嘗試用許多實例來介紹完形諮商的理念，希望透過本章的說明，讓理論在讀者腦中成「形」。

第三章 我看諮商歷程

如果治療能像連續會談來進行的話，會得到最好的療效。……我們打開新的主題，處理一陣子，然後轉到其他問題，又會不斷回到相同的主題，每次都會更深入地探索。

（摘自Yalom, 2002/2002, p.219）

完形諮商沒有一定的步驟或程序，完全依據當下諮商師和當事人間的「接觸」及形成的「形」來進行；然而，諮商成效並非一蹴可幾，必須經過相當的時間，且是一個連續的過程。在歷程中，有開始有結束，各有進行的重點，有些狀況需及早處理，有些則適合在後期面對。

任何學派的諮商歷程都是非常重要的議題。本章將討論在諮商歷程各階段需要特別關注的部分，包括諮商的目標與方向、諮商的步調與速度、諮商中的傾聽與同理、諮商歷程的探索與深究，以及諮商的結束。

諮商目標與方向

一、諮商的目標

人的議題既大又廣，在諮商開始訂下適合的目標，是很重要的任務。雖說人本或經驗取向諮商以當事人為主體，諮商的方向和目標也該由主角決定。可是很多當事人正為自己的問題與情緒所苦，有如迷霧中失去方向的孤鳥，看不到「前景」，如何找到適宜的方向和目的地？此時諮商師的引領就是關鍵，不過還是要以當事人為主，聽懂當事人要些什麼後，幫他理出期待的諮商目標。

㈠諮商的終極目標

我認為諮商目標可分為三個層次，最高層次是諮商的終極目標：屬於諮商師本身要釐清的諮商核心信念，亦即諮商師要將所有當事人帶往的大方向，是整體諮商遵循前進的方向，不是要具體達成的目標。

我個人的諮商終極目標為：協助當事人體會自己的能量、對自我肯定並具掌控感，進而能清楚覺察自己的內心和外在的環境，為自己做出最好的選擇，並負起責任；且個人潛能因此充分發揮，達到自我實現。

每位諮商師都需要釐清自己的諮商終極目標，做為自身工作的依歸。

㈡諮商的中程目標

諮商的中程目標是指整段諮商的目的。通常以當事人期待的最後目的為主，再經過諮商師以較理性、客觀的角度和當事人討論，將當事人的期待修正成適宜可行的諮商目標。

一位情感失落的女性當事人，理性上可能希望透過諮商，幫助她走出失落的痛苦。但當事人很容易陷入失落的痛苦情緒，無力為自己做最好的選擇，也缺少自我掌控的能力。情感上，她卻期盼諮商能幫助她挽回男友的心。這種理性和情感的拉扯，後者通常會占上風。諮商師必須非常細膩地同理、支撐處於脆弱、無助，甚至被情緒淹沒的當事人，再慢慢引導出當事人的理性和想要好起來的那部分，這時才有可能訂出適當的、對當事人最好的諮商目標。

當事人經常希望自己的痛苦、煩擾很快消失不見，容易只關注表面的問題，以致常有一些不合宜的期待。例如，希望透過諮商交到異性朋友，或期盼諮商師幫助外遇的丈夫回頭。諮商師在開始時要花些時間和當事人核對諮商目標，將當事人的期待略做修正，調成某種程度上符合其原始目的，也真的可能完成的目標。

像希望交到異性朋友的目標，不可能透過諮商來完成。諮商室不是婚友聯誼社，很難直接幫當事人找到異性朋友。目標若改成「能提昇當事人的信心，學習以自在及合宜的方式與異性朋友互動」，雖不完全符合當事人期待，但能增加其交到異性朋友的機會，且是諮商可以達成的任務。

而把「挽回外遇丈夫的心」調整成「更能關愛和照顧自己，並有能力勇於面對婚姻關係的問題」。當當事人能活出自我，就可以清楚自己的需要和特性，以清明的眼光重看兩人的婚姻狀況，做出對自己最好的選擇——願意再努力經營或離開婚姻。即使之後丈夫的心意仍和當事人相左，當事人也比較能夠面對與自處。

當然，諮商師要清楚說明新的目標和其原來目標的相關性，以及為何調整的原因，讓當事人能欣然接受。若當事人當時的情緒太多，無法接受諮商師調整目標，諮商師要巧妙地告知當事人，先一起處理修正之後的目標，把原來預期的目標放在下一階段來達成。

如前述丈夫外遇的個案，當事人若堅持將諮商目標放在挽回丈夫，我會說服當事人在完成期待的目標前，仍需先處理她自己的議題。先把自己處理好，才能冷靜地面對丈夫，要和丈夫談判或要進行某些挽回策略，比較容易有效進行。當事人若變得有自信、有自己的生活重心，丈夫可能會注意到妻子的改變，有機會重新評估自己的感情狀況。這樣的說詞並非哄騙當事人，先完成的目標確實是達成當事人所期待的必經之道，只是屆時原來的目標可能沒有存在的必要了。

有些當事人常會把自己的「改變」寄託在他人或外在環境的調整和配合上。這類當事人剛進入諮商時，會希望諮商師幫他改變身邊的人，而非把重點放在自己身上。例如，被母親過度控制與照顧的大四男生，期待透過諮商找到和母親有效溝通的方法，以改變母親的對待方式，放手讓他自由。這時諮商師可能要讓當事人轉換這完全依賴對方改變的期盼，回頭看自己如何「掙脫」母親的束縛。

不過，要當事人了解「改變他人或期待他人主動提供自己所需，可能無濟於事」，對當事人也是一種失落，特別是對如父母等重要他人的期待。更牽涉到當事人必須願意為自己負責、勇於長大。諮商師要耐心處理這樣的狀態。所幸，負起責任、成熟而獨立，本來就是大部分諮商工作者的終極目標。

此外，諮商中程目標常會受限於當事人對自我問題的錯誤認定，而有不合宜的目標。例如，當事人有人際關係困難的議題。在諮商一段時間後，當事人認為自己很討厭某些同事是造成他人際關係不良的因素之一，而這樣的討厭很莫名其妙，可能是自己的投射，期待諮商師幫他找出「在同事身上投射了什麼」。諮商師認真接收這個未經證實的假設，在一個不夠清楚、寬廣的範疇下努力工作，當然只會造成諮商師的「途窮」，無法對當事人有所助益。

諮商師要覺察自己對於當事人的期待之「收放」，並讓自己能自由走出這樣的期待。諮商師要正面迎向當事人現在真實的場域、心理空間與問題，才不會跟當事人可能是「閃避面對現實裡真正困境的因素」共謀。

設定諮商中程目標時，需要先花些時間尋找當事人問題的核心主軸。當事人所呈現的各種生活困境和事件，通常會有一些共通的主軸，可先與當事人最初的諮商動機和目標配配看。過程中出現新的議題，也可和當事人討論與原先晤談主軸的相關性。當事人一次抛出很多新事件時，不一定要馬上處理。同時，可在此次諮商結束前，與當事人核對當天討論的主題與之前所談問題間的關聯性。很多個案都需要經過多次諮商和不斷核對，且諮商師對當事人理解得愈清楚，或整合各個議題的核心困境後，才能調整成最適當的中程目標。

一般而言，經過一段時間的諮商，當事人可能已有一些新思考、新方向，或與開始諮商時的狀態不同，諮商師可能需要與當事人重新確認目標。避免隨著當事人的狀況不斷變化，諮商方向逐漸模糊、失焦。

㈢諮商的近程目標

諮商的近程目標為階段性或每次諮商的目標。開始的一、兩次諮商，當事人每次想處理的議題可能很多，諮商師要和當事人簡單討論後，先選擇某個主題，找到當次的近程目標。不過諮商師仍要對此保持高度彈性，可以隨時調整處理的重點。

若很多待處理的議題中，有一個是具體而危急的現實問題，例如期末考前的當事人，雖有很多待處理的關係、自信和自我放棄的議題，但最急迫的焦慮是這學期可能被退學。諮商師評估後發現確有高風險，就要先討論如何準備考試和先做哪些防範措施；又如當事人面對工作上的外派，相當矛盾，無法決定，卻必須在月底前回覆公司。這時諮商師必須先以處理當下現實問題為主，也就是先完成這個急切的近程目標即可。

當然，當事人的其他議題都會對是否被退學和是否到國外工作的決定造成影響。但時間上已無法等待屬於中程目標的核心問題處理完畢。諮商師要有現實感，先度過危機才是要務。

近程目標通常比較具體、比較小，且每個近程目標皆環環相扣，完成一個接一個的近程目標，以朝中程目標邁進。

當事人與諮商師對諮商的中程或近程目標，剛開始時常會有不同意見。諮商師要多關心和接觸的是當事人這個「人」，而非問題。很多諮商師總會太快被當事人所提出的困境所誤導。當事人所謂的「問題」不一定就是需要處理的部分。

二、諮商的初始

在雙方都有共識而訂出諮商目標後，接著會遇到當事人能否聚焦在主軸議題的討論。每次諮商要如何開始，就成了重要的問題。

很多諮商師對如何開始諮商常陷於兩難。一方面想讓當事人暢所欲言，一方面又擔心當事人每次會帶來不同的生活事件，或逃避訂好的諮商目標，使諮商變得鬆散，無法朝一致的方向前進。但由諮商師以符合諮商脈絡的議題引導開始每次的諮商，則又擔心沒有尊重到當事人的需要，或當事人跟不上諮商師的腳步，兩人不同調，諮商效果受到影響。

其實，諮商要如何開始沒有絕對。如果當事人本來就有明顯未完成事件的議題，即使當事人想躲避這個問題，但此一退不去的「形」在任何狀況都會存在。故每次諮商時，諮商師適度地引導當事人直接以討論此議題當作開始是必要的。不直接聚焦討論此問題，當事人仍會一直受其干擾，很難處在諮商的當下。當然，這不能勉強，因為當事人可能想談近期發生的事情，這才是此次在諮商室中較突顯的「形」。

一般而言，在諮商初期，諮商師尚未充分了解當事人時，讓當事人自由開始較為恰當。若當事人沒有特別想談的，再由諮商師決定談話的主題。諮商後期，諮商方向清楚、目標有共識，由諮商師主導議題是很自然的。這時任由當事人每週帶不同生活事件來談，諮商的確不容易深入。進行一段時間後，諮商目標也清晰有共識，當事人卻每次還是談當週發生的各種事情，諮商師要注意這是否是當事人的行為模式，或當事人想逃避深入的內在議題？

有些當事人常用隔絕情緒來避開面對困境的痛楚。每週一小時的諮商，若由當事人開啟話題，他要花足夠的時間醞釀，才有能量打開封閉的城牆。有位當事人在年幼時，母親因父親外遇而氣憤地帶著姊姊不辭而別。之後父親的外遇女友住進家中，對當事人有很多不合理和嚴苛的對待，當事人不但經歷生母的「遺棄」，又加上繼母的「虐待」，身心受創頗深。

諮商師花了很大的心力，好不容易與當事人建立起較為穩定和信任的關係，可以開始工作了。但當事人每次都要先詳述這週發生的一些人際、情感與家庭事件，直到諮商時間快結束才碰到主題和情緒，讓諮商師相當苦惱。確定當事人並非逃避後（至少意識層面不是），諮商師改變每次開始的方式，直接引導討論上次已開啟的議題，當事人雖仍需要「暖暖身」，但差不多十多分鐘就可以進行諮商主軸的討論，且隨著諮商愈久，愈快進入諮商焦點。

在諮商中，當事人仍以漫談為主，甚至像在陳述別人的悲傷故事，難以聚焦，大多是當事人尚未能和自己當下的感覺接觸。諮商師要耐心等待一段時間，這段期間可以帶著當事人慢慢地和自己接觸，逐步開放感官覺知，以覺察到當下的想法與感覺。

例如，某位女性當事人因為管教過動症孩子的挫敗前來諮商，她也是被社工列入觀察的過度體罰的母親。經過多次討論，發現問題在當事人本身，其幼年有被遺棄及嚴重忽略的經驗，以致很在意別人的評價，「一定」要努力扮演好自己的各項角色，才感覺不會重蹈過去發生在自己身上的慘事。但過動症孩子某些衝動行為，讓她的母親角色無法因著「努力」而表現稱職，因此面對孩子的不當行為時，她的情緒和管教方式雙雙失控。諮商師和當事人共同決定將諮商目標放在當事人個人議題的處理。但之後當事人仍很容易花過多時間抱怨當週孩子違規行為引發的不愉快事件。

有一次，她又在諮商中重複抱怨孩子的不乖，和姊姊不支持她的管教方式。因週日帶孩子逛百貨公司，孩子吵著要買玩具不聽勸，她不得不立即大聲責罵孩子。但同行的姊姊卻怪她對孩子太凶，在公共場合大吼大叫很丟人。

諮商師想帶當事人回到已確定的諮商主軸上，可以對她說：「之前你談到不敢拒絕別人，因你很在意別人如何看你，也怕別人批評你，我對這個部分很好奇，你自己會在意在百貨公司罵小孩嗎？好像你在管教孩子時，比較不怕別人批評你太凶……」這能幫助當事人覺察她心裡的感覺，她到底在乎什麼？亦即企圖與她內在的真正需求連結。如此，不但把諮商拉回當事人身上，也有機會看到她在面對孩子時的不一致現象。

另一種方式是利用當事人談到孩子的部分，巧妙地轉到她自己的議題上。例如，簡單的同理：「孩子的行為實在讓人很生氣，任誰都很難控制好自己的情緒。」然後再引導：「好像你也想控制情緒，想用比較有效的方式，不要那麼凶。我們要不要看看，你在很生氣的時候都想到什麼？」這就自然地把她拉回自己的情緒議題上。

對於「逃避」所造成的失焦，我建議先處理促使當事人逃開的點，亦即當事人在逃避什麼？或躲開此主軸議題是害怕遇到什麼狀態？

諮商師和一位男性當事人討論到，何以決定了處理母子關係的諮商目標後，仍不斷逃避？才發現當事人害怕在諮商中談到和母親的糾結關係，會讓自己情緒「崩潰」。他既怕又羞於在諮商師面前哭到不可遏止，更擔心走出諮商室別人看出他哭過，或無法收拾好情緒，使他和同儕相處上也情緒亂竄，那他就沒臉活下去了，也不再是個有淚不輕彈的真正男人。

諮商師同理他的害怕、不安後，一方面讓當事人知道，諮商師在每次諮商最後至少會留十分鐘，幫助當事人收拾被引發的情緒。更讓當事人評估諮商師所要用的方式是否對他有效，及需要修正哪些細節。另一方面，討論當事人離開諮商室後如何因應同儕的好奇和疑問，以及和同儕相處時，萬一挑起在諮商中被翻攪起來的情緒，要如何處理。當這樣的討論足以讓當事人信賴諮商師的處理，以及有能力應付生活的相關挑戰後，才能繼續針對諮商主軸議題工作。

諮商的步調與速度

諮商師是諮商步調與速度的掌舵人，但他完全要以船主（當事人）的需求和狀態為依據。先探討諮商師在諮商步調與速度上應注意的部分：

一、新接個案深入探究的程度

很多諮商師對新接的個案，都會擔憂探究的深度與速度問題。我認為第一次諮商原則上不宜對議題探究太深，但也不能刻意迴避。特別是發現當事人很快表現出強烈的情緒訊息，更要小心處理。對於進行經驗性活動，我採取比較保守的觀點，不宜在關係不穩固時就嘗試各種完形諮商的「實驗」（完形諮商對所創造出讓當事人親身體驗的活動，稱之為「實驗」）。

例如，當事人談到青春期時和父親的緊張關係時，聲音哽咽、嘴唇和雙手顫抖、有些語無倫次。諮商師知道碰觸到很深、很大的議題，這是第二次諮商，當事人還對諮商和諮商師存疑，確實不宜刻意深入探究。諮商師可以反映：「好像談到你國三那時候的父親，你的情緒變得很激動，我想那對你的影響必定很大，也許我們之後可以仔細看看那些事件。」也可以只描述你所看到的：「我聽到你的聲音有些變化，嘴唇和雙手都在發抖，我很關心你現在的狀況。」若當事人想談，仍可繼續，只是要談多深取決於當事人，諮商師不主動引導、深究。

另一個例子是當事人在介紹其家庭時，一直沒提到母親，諮商師問：「你母親呢？你都沒提到她呢？」當事人突然生氣地大叫：「我沒有媽媽！」但諮商是由他母親預約的，確定母親是和當事人同住，不是離家或已過世。諮商師可以回應：「我不知道發生了什麼事，但感到你對母親很生氣，不想提起她。」「我不想提她！我不要提到她！我就是沒有媽媽！」明顯地，當事人當下無法談論此議題。諮商師說：「我了解你現在完全不想談媽媽，想到她讓你很不舒服。放心，在這裡你可以只談你想談的。」

當事人剛進入諮商，對諮商師和諮商關係都很敏感。諮商師必須根據當事人的狀況，細心、耐心地掌握諮商脈動。

二、諮商停滯的處理

諮商通常會歷經一段不算短的過程，其間難免會遇上停滯狀態。

當諮商停滯不前時，諮商師可以在適當時機，運用適宜的態度與方式，和當事人一起重看諮商目標及檢驗諮商關係。

若諮商目標沒問題，關係也很穩定，評估結果是當事人遇到心理瓶頸而逃避，或進入完形諮商所謂的「進退兩難層」，則可使用「面質技術」來處理（詳見第九章）。當然，也可能是諮商師專業運用的問題，要同時自我檢討。

所謂適當時機，首先要評估的是確定諮商是否真的沒有進展。如果當事人其實正緩慢進步，急著檢視諮商進度，可能讓當事人覺得諮商師不接納他，在責備他改變得不夠努力、不夠積極。至於如何評估時機的恰當性？我認為要注意四個部分：

1. 諮商師要釐清自己對諮商停滯的感覺。這感覺是否受到其他不是諮商歷程因素的干擾？例如，是否有外在壓力？機構對控制接案次數的要求、諮商補助的次數即將滿額、諮商師對諮商效能的自我要求、諮商師具有重視效率的價值觀、諮商師對當事人有不合理的期待等等。
2. 了解當事人的相關感覺。
3. 仔細回顧諮商過程，能否發現當事人進步的「細微變化」。
4. 重新對當事人做出診斷，再判斷當事人的進展是否「正常」。

至於適當的態度和方式是指，諮商師用清明的覺察、全然以當事人的福祉為考量的精神下，真誠坦露自己對諮商進程緩慢的不安，而且主要是擔心對當事人的協助不夠。

以上兩部分都牽涉到諮商歷程的時機掌握。時機掌握是諮商中一種很困難的判斷，沒有絕對的準則。不同的當事人、不同的困境、每次諮商的狀況、兩人的諮商關係，都會微妙地、交互地影響適當時機的判斷，而且又必須在每個當下立即、明快地做出決定。

我認為諮商師必須具備扎實的專業訓練；有效地累積實務經驗（並非實務經驗多就一定會有進步）；每次諮商前的充分準備；每次諮商時保持高度清明的專注；每次諮商後「勇敢」地反思，若能如此，諮商師就較能做出最恰當、最有效的「時機判斷」。

諮商過程結構太嚴謹、固著與太隨性，都不恰當。有效的諮商必須平衡與拿捏好諮商的「結構」與「節奏」，使諮商師與當事人能在適宜的節奏下共舞。

以一位諮商師的心得做為本段結尾：「我體會到『諮商』不是諮商師在表演自己的拿手技巧有多棒，而是視當事人在每次晤談的狀況來調整諮商工作的進度。也許會順利前進，也許會後退，這些都是諮商歷程會發生的現象。」

諮商中的傾聽與同理

從事諮商工作三十年，我深刻體會要幫助當事人活出自己，只有一條路，就是成為當事人的「伴」。但這種陪伴之所以不同於一般朋友的陪伴，在於能完全聽懂他們。正如前述，人的差異太大，要真正懂得別人很不容易。真要懂得別人需要兩個要件：一是真心地關愛對方，一是用心傾聽與了解。

了解和關愛之間沒有清楚的分野。二者合而為一。如果我對某人有足夠了解，我自然會對他慈悲；當我對某人慈悲時，我便會試著多去了解他。這就是為什麼當你不喜歡的人說話時，你幾乎不可能去傾聽、接受和理解他所說的內容。……表現慈悲的人必須有一定的安全感，以及擁有可以賦予他人關心的某種權位才行。少了自尊和自我肯定，可以付出的東西便所剩無幾；個人在付出以前，必須先要有點東西可以「傾注」才行。（摘自May, 1972/2003, p.313）

必須有人傾聽、認同和了解。如此人們才會認定自己是有價值的，他的生命與其他人的一樣重要；也才會給他某種方向感，讓他在這個原本無意義的世界找到一個立足點。……敢於活出自己豐沛的能量，做一個既有原味又討人喜愛的人。（摘自May, 1972/2003, pp.12-13）

建立良好諮商關係的關鍵，在於能聽懂當事人，以及感同身受的同理。許多諮商實務的論述都對此有詳盡闡述。在此，我將以完形諮商的觀點來討論「同理」的理解。

完形諮商一開始，諮商師當然仍要運用適宜而貼近的同理。但是，完形諮商取向重在讓當事人親身經驗，情緒的體驗更是重要。所以，諮商師在深入體會或從非語言訊息看出當事人的情緒時，只反應諮商師由外界覺察到的情緒訊息，可能會比同理反應對當事人更有幫助。「我看到你提到父親時，眼眶紅了，聲音也變了，發生了什麼呢？」或「我看到你眼眶紅了，聲音也變了，請停在這裡，體會一下身體的變化。」這樣的反應讓當事人更有機會自我覺察或「經驗」浮上來的情緒。

完形諮商工作的主要方式，是在好的諮商關係基礎上，利用各種經驗性的實驗活動，讓當事人親身體驗，而且不希望當事人只運用他們的中界覺察。所以，有時不必然詳細知悉當事人所經歷的事件。我們要懂得當事人的感受、情緒，而非事情的細節。

要聽懂當事人的感受和情緒，要靠人們的非語言訊息，包括表情、肢體語言、音調與口氣的副語言，以及這些訊息的交互整體感覺。諮商師的敏感度和專注非常重要。

下面這則故事，說明何謂聽懂當事人真正的議題：

一位禪師講道，講的時間相當長，但每個弟子都認真聽講。在黃昏時刻，一位弟子舉手發問：「師父，什麼是美？」師父沒說話，用手指了指天空。弟子點點頭，謝了師父，坐下繼續專心聽講。師父講到天黑，已是滿天星斗，大家仍專注地聽。不久，又有一位弟子發問：「師父，什麼是美？」師父依然用手指向天空，沒說話。弟子謝過師父後，師父也合掌向此弟子道謝。這時，前一位弟子發出不平之鳴：「為什麼我和他問同樣的問題，您也做同樣的回答，可您卻特別向他道謝？」師父緩緩地說：「不一樣的，當我回答你的問題時，你看的是我的手指，但我回答他的問題時，他卻看向我手指向的天空。」（Dr. Tucker Feller帶領「完形治療工作坊」所說，2008.11.28-30）

同樣的道理，諮商師對當事人的了解不能只是「手指」，而要注意手所指向的「天空」。也就是說，不要被當事人的「問題」和「症狀」限制住，要與當事人這個真實的人接觸，去懂得他真正的需要和困難。

例如，某位當事人在工作上受到排擠，主事者竟是當事人信賴多年的好友，之後公司更因營運不佳倒閉，當事人投資的金錢也化為烏有，工作與友情同時挫敗，讓當事人跌到谷底。諮商師剛開始只停在處理當事人目前的挫折和失落，總覺得進行得很不順暢。當諮商師放下之前的「診斷」，和當事人真正貼近，更開放地探索當事人生命中的各項議題，才慢慢發現當事人內在「我不夠好」、「害怕被遺棄」的信念，不但影響他之前的待人處事，現在重新被翻攪起來，讓他更缺乏自信，有更多的不安和焦慮。找到這更深、更核心的議題，諮商師才開始離開手指，看到其所指向的天空。

要探究手指向的到底是什麼？諮商師不能幫當事人負起探索「答案」的責任，而是要陪著當事人探索，找出那片天空。

此外，人喜歡看到完整的東西，且會自動、主觀地去填補那不完整的部分。好的完形諮商師要盡量避免這種強迫性的需要，特別是我們學習了人的心理、發展等方面豐富的專業知識。諮商師要帶著「無知」的狀態，只看和聽當下實際的現象和訊息。發現當事人所說或表現出現落差或不連貫的地方時，切記：只有當事人能補上那缺洞，絕不能由諮商師自行補上。

諮商歷程的探索與深究

為了和當事人一起工作，當然要對當事人生活、內心和成長過程的各項資料有所了解。但我對諮商中所謂「蒐集資料」的說法並不以為然，覺得那是一種諮商師本位的觀點，甚至有些物化當事人的感覺。我認為應該由諮商師引導、探問、具體化，使當事人重述某些事件的經過，以及對此事件主觀的想法、感受與評價，藉此認識與了解當事人。而不是由諮商師主動搜尋各項「資料」。只有透過傾聽當事人的「主述」，才能進入當事人主觀的現象場世界。

更重要的是，當事人才是主體，諮商師期待的是當事人經由較有系統、清晰的再次述說，或再度親身經歷，使自己愈來愈清楚事情的來龍去脈，甚至對這些經驗產生新的理解或體會。

同時，在重新經驗的歷程中，當事人有機會體會到自己在成長過程的「掙扎」、「努力」和「奮鬥」，不但能對當事人增能，更可從中找到當事人的正向力量與資源。

諮商師要了解當事人，並非主要的工作重點，而是使當事人容易達成「再理解」的真正目標。故幫助當事人探索、敘說與體驗目前與過去的生活經驗，對諮商效能具有關鍵性作用。

例如，一位女性當事人在一次諮商中，敘說與父親激烈爭吵的經驗，她與經常借酒裝瘋亂發脾氣的父親，長期處於劍拔弩張的關係。諮商師聽到當事人描述吵架過程時，感到有些特別，好像家中就只有父女兩人，但其實那時家中應該會有其他人在。諮商師澄清一些狀況，例如當時有其他人在場嗎？媽媽在哪裡？她當時有什麼反應？妳對媽媽的態度感受如何？而弟妹們呢？

當事人這才注意到這些過去一直忽略的部分，詳細說出後，才恍然大悟自己和父親吵架時，說些過激的言語，其實並不全然是針對父親，而是想用來試探母親的底線和她的意向，「到底我要說多難聽的話，妳才會從冷眼旁觀的漠然態度中『醒來』？更想知道妳若介入會幫誰？」（當然，當事人很少成功刺激到母親）。而當事人也發現，自有記憶以來，弟弟總是在家裡有爭吵時缺席。而妹妹則全然相反，一定會出現在衝突現場，並適時煽風點火，似乎樂見事情愈來愈火爆。

諮商師透過提問，幫助當事人能更深入與全面地重看這不斷重複發生的衝突事件，促使她對與父親，甚至其他家人的關係有了新的理解。

諮商師因有專業知識為後盾，可以對當事人的述說給予分析和解釋，這對當事人也會有所幫助。但對完形取向的諮商師而言，諮商師的理解不是最重要的，重要的是當事人在諮商師專業的「催化」下，經由敘說或再次重新經歷這事件的過程，若能開始以不同的角度重看自己的經驗，產生新的洞察與理解，當事人期待的改變才有機會發生。

在諮商中，當事人敘說的核心目的，不是要讓諮商師了解當事人，而是給當事人一個在此時此地重新經驗而獲得頓悟的機會。

要永遠記著一句話：「如果當事人不知道，那麼諮商師也不會知道。」

諮商結束

對我來說，諮商結束是諮商歷程中頗具難度的步驟。不論是每一次諮商的結束，或是整個諮商的結案，若處理不好，先前所做的努力都將功虧一簣。

一、每一次諮商的結束

每一次諮商的結束也有學問，特別是完形諮商學派。在每次諮商的最後，對過程做簡要歸納整理是適當且必要的。諮商關係比較好之後，也可以由當事人來摘要當次所談重點。

做摘要的目的，一方面讓當事人有清楚的結束感，不會帶著未完成的心情回到現實生活中過一週；一方面也讓當事人深化當次諮商所得，雖然並非每次諮商都有「進步」，但一定有些新的理解或體會。也能使當事人有效連接下一次的諮商。

若引發當事人很強烈的情緒，諮商師更要有好的收尾；也可以說，諮商打開了當事人之前藏起來的包袱，諮商師有責任在當次諮商結束時，幫當事人暫時重新打包好，不要造成當事人因諮商而過度干擾日常生活的運作（諮商是一個歷程，探討的是過去的創傷或現在很痛苦的經驗，過程當然會起起落落，影響真實的生活，且不見得會是比較好的感覺，甚至會更糟。但是若每次諮商能有好的收拾，可以把對生活負向的影響減到最低）。

有時，諮商打開了當事人內在如潘朵拉盒子般的「包袱」，不容易當次就收拾得好，但仍需用些創意的方式，某種程度上幫助當事人平穩地度過接下來的一週。

例如，當事人在一次諮商中談起已刻意遺忘的幼年被性侵的可怕經驗，諮商師無法真正重新打包好這層深藏的包袱。於是諮商師盡力做了兩件事：一是先預告當事人在接下來的生活中，可能會有的情緒和行為反應。讓當事人有心理準備，不致被因此產生的痛苦感覺擊倒，或被自己的強烈反應嚇到（若性侵者在其身邊，或有重要的關係人在當事人身邊，諮商師還要和當事人討論如何面對他們）；二是突發奇想利用一枝「神奇筆」象徵性地把這件痛苦的事和相關感受畫在一張紙上，由諮商師保管，代表當事人能暫時把這件事留在諮商室裡。然後把這枝筆交給當事人，若當事人在日常生活中還是揮不去那些恐怖的記憶，可再用這枝筆畫一個盒子或器皿，把這些記憶裝進去，幫助當事人較容易度過這一週。

二、諮商的結案

㈠結案的判斷

做出是否結案的決定，除了專業上的評估，要一併考慮當事人的狀況和意願、諮商目標的達成等。另外，個案是以何種身分和角色進入諮商，例如主動付費、學校學生、政府補助的弱勢族群，或是受害者，也必須加以考量。對缺乏社會支援和受害的弱勢，評估上要更有彈性，他們通常需要較多的協助。若太快結案，其所在的外在環境不良，社會支持系統較弱，以致正向循環的效果會較差，諮商的效果自然容易打折扣或很快地又回復舊觀。

而特別需要調整長期「習慣」的當事人，更要有充分的時間，在諮商師的陪伴下，把在諮商中的改變練習落實在日常生活中。

結案是諮商師和當事人共同進行謹慎評估後所做的決定，但在現實面上，有些仍是妥協的結果，如時間不能配合；已完成階段性目標；雖當事人還有待處理的狀況，但原先帶來的議題已被處理；當事人學期結束和畢業；諮商師要離職等。所以，對結案的執行仍需保持彈性。

實習治療師常是在一種不自然的結案型態下結案。（摘自Teyber, 2000/2003, p.349）

㈡結案的處理

對較長期的個案，結案要及早提出。

一般處理結案，至少要有一次的諮商時間。諮商師與當事人共同回顧之前的工作；整理當事人得到的新領悟及實質改變；規劃當事人之後在生活中的實踐方案，以及可能遇到的挑戰與因應方式。最重要的是，謹慎處理諮商師和當事人關係的結束，並好好道別。

> 好的結案要允許當事人主動參與，在結束中提高個案的效能。個案知道結束時間正在進行；安全地表達他們的哀傷、憤怒或失落；有機會說「再見」。……有問題的結束常會引發個案的憤怒、失望、被遺棄及背叛的感覺。個案可能會想：你就像我媽，你也遺棄我；我們的關係不曾對我有什麼意義；對我而言，治療沒有任何改變，這只是浪費時間而已。（摘自Teyber, 2000/2003, p.352）

當事人在決定結案後的諮商中，若又出現新的議題且帶有強烈的情緒，只要不是一種依賴性的情感轉移，諮商師在許可的範圍下，可以徵詢當事人的意見加談一次，並在那次重新考慮結案的決定。若無法有此機會，也該略微延長此次諮商或另外約個二、三十分鐘，簡要地處理當事人的情緒，表達諮商師的關心和提出恰當的後續處理之意見。

此外，諮商師也是人，也會受到關係結束的衝擊，即使是一段專業的諮商關係，諮商師也要注意面對自己的情緒。

> 雖然這段諮商可能不夠完整，通常若治療師處理好結案，當個案能與他人生活在他們與治療師所經驗的時刻，而治療師能欣賞他們所學習的以及給予個案的，兩個人藉著這個成功的關係而豐富。（摘自Teyber, 2000/2003, p.356）

諮商的目的仍是以當事人為主，一切的工作脈動勢必以當事人的狀況為依歸。心理學家沃爾夫（Wolf）的五段式心路歷程比喻可以清楚說明，只有「我」——當事人自己看清楚過去的錯誤與應負的責任，改變才可能發生。

五段式心路歷程

1. 我沿著這條街走，
人行道上有一個洞，
我掉進洞裡，
我完了……我沒希望了，
這不是我的錯，
我要好久好久才能從洞裡爬出來。

2. 我沿著這條街走，
人行道上有一個洞，
我裝作沒看到這個洞，
我又掉進洞裡，
我不敢相信自己又掉到同一個地方。
可是這並不是我的錯，
我還是花了許多時間才從洞裡爬出來。

3. 我沿著這條街走，
人行道上有一個洞，
我看到這個洞了，
我又掉進洞裡……因為已經習慣了。
我張大眼睛，
知道自己在哪裡，
這是我的錯，
我馬上就從洞裡爬出來了。

4. 我沿著這條街走，
人行道上有一個洞，
我繞過這個洞。

5. 我決定走另一條街。

（摘自Wardetzki, 2002/2002, pp.246-247）

第四章 諮商師「這個人」

心理醫生是神話領域的當代大師，是通曉潛能各種祕密方式和文字的人。他的角色是神話和神仙故事中的智慧老人，其話語協助英雄通過奇異歷險中的試煉與驚慄。

（摘自Campbell, 1997/1949, p.7）

諮商師「這個人」對諮商的影響

我認為諮商心理師是個艱難的工作角色。他所工作的對象，大多是生活中遇到困難的人，而人生又常有讓人難以面對至無言以對的狀況，不但考驗諮商師的專業能力，且常因此讓諮商師陷入無力與挫折之中。

再者，現今不論何種理論、學派，對於諮商成功的條件，都無法忽略諮商關係此關鍵因素。所以，營造良好的諮商關係，就成為諮商師首要的工作目標。但要和一位充滿強烈負面情緒，遭受苦難打擊，對人與外在環境有很大的懷疑，並將自己層層包裹起來的人，建立信任的諮商關係，是個高難度挑戰。

諮商師不但要暫時放下自己的價值觀、喜好，試著去全然接納、關懷且專注傾聽當事人的生命故事，還要兼顧本身的真實與完整，以真誠一致的態度面對當事人。

正因諮商師必須以真實的自己來工作，無法藏身於專業角色之後，在工作中容易勾起諮商師本身的傷痛和情緒。諮商關係既是一個真實的人與人關係，又必須達成專業功能，諮商師就要努力在專業關係裡調和本身的感性與理性、客觀冷靜與主觀涉入，讓其適時自如地流動。要做到如此境界，有些超乎常人所能。

有時候我了解個案的邏輯、參與進入個案的世界到某種程度，變得跟他們一樣看不見其他的選擇與可能，於是和個案一起陷入僵局。因此我需要保持一定的客觀，以維持兩者之間的平衡。我能夠很敏銳又富同理心，但是能夠保有與個案不同觀點也很重要。（摘自Kottler, & Carlson, 2003/2004, p.219）

特別是完形諮商的諮商師，要勇敢地帶領當事人親身經驗痛苦的經歷，很容易感性和主觀涉入的角色比較多。但真要讓當事人親身體驗，諮商師更需要保持理性冷靜的角色，平衡的難度更高。

這並非在標榜這份工作是一般人不可企及的，而是強調在諮商師的養成教育中，「人」本身訓練的重要性，遠超過其專業知能。易言之，成為（being）真實的人，比做為（doing）好的諮商師來得重要。

以下將討論個人價值觀和成長經驗對諮商師的影響，以及諮商師個人的焦慮情緒、反移情現象對諮商的干擾。

一、諮商師的個人價值觀

一個人的價值觀會左右其整個社會知覺歷程，包括選擇去注意哪些事情、對所見所聞如何解讀、對這些事情的好惡與接受程度、決定如何因應等等。因此，面對當事人時，諮商師個人的價值觀會影響他對當事人的看法和與對方的關係，甚至是諮商的過程。

首先要注意的是諮商師的人性觀和對人與人關係的看法。這決定了諮商師選擇何種理論架構來工作，以及在諮商中展現何種角色功能。不少諮商師未能釐清自己的人性觀，以致忽略所使用的諮商取向與其人性觀的適配性，造成諮商的流暢性和面對當事人的一致性受到阻礙。

人本取向與經驗取向諮商相信人擁有充分潛能，且會朝向生命自我實現的方向成長。諮商師偏向扮演催化者、陪伴者的角色，重視當事人在諮商過程中的親身經驗或敘說，關心當事人的情緒多於想法與信念。

其次，諮商師的價值觀對諮商工作影響很大，尤其是關乎多數當事人的問題與困境，例如家庭觀、婚姻觀、性別議題、文化議題、政治權力的觀點、種族觀、道德倫理議題、人生價值、成功幸福的界定等等，還有特殊主題，例如墮胎、同性戀、精神疾病、違法偏差行為等，都會左右諮商師的工作。

就讀大學時，老師讓我們討論一個問題：如果一位擔任銀行高階主管的中年男性準備放棄年薪五十萬美金的工作，想去學小丑藝術以圓其自幼以來的夢想。你是他的諮商師，會如何評估他即將做的這個決定？

有的同學說這個人一定是工作遇到瓶頸，想逃離現實；有人認為這是典型的中年危機，需要幫忙處理；也有同學說這男子可能有婚姻問題；甚至他是否罹患了憂鬱症。老師聽了我們的話，笑著回問我們：「你們覺得他現在擁有相當成功的生涯，卻要選擇一個有點悲情又算不上藝術的角色，是有問題的？你們是用個人價值觀看他的高薪工作，去論斷小丑藝術，甚至評價這位當事人嗎？」

老師的話一棒打醒我。我一向以為我不會被個人價值觀影響，特別是對當事人的判斷。我雖沒發言，但心裡確實在想：「他幹嘛放著有名有利的好工作不做，要去學小丑表演？若喜歡藝術，利用休閒時間去學就可以！還好他願意來諮商，我可以好好幫他探索分析。」

之後，我和幾位同儕常會相互提問，討論關於價值觀的問題。例如，一位嚴重肢體殘障者想成為登山高手，你會採用什麼觀點和他諮商；一位未婚懷孕的女孩，雖然男方承諾會負責，願意和她結婚，她仍堅持墮胎，你會因為反對墮胎而積極勸她改變主意嗎？婚姻中的第三者來求助，你會因為對忠誠的堅定信念，努力地想帶他離開「破壞」別人婚姻的角色嗎？

每次討論得愈熱烈，我就愈心驚，我看到自己那些早已根深柢固的信念，讓我戴著有色眼鏡觀看每位當事人。我根本無法客觀地了解他們的內心世界，又如何能在工作時，以他們的福祉為最大依歸。我到底會把當事人帶到哪裡？

很長一段時間，我的心很混亂。要接納當事人完全不予評價，那我的價值信念要放在哪裡？也害怕會不會我從此就不再是我了？或者我的為人處世將變得沒有規準可循而亂無章法？我要如何像個人中心學派的創始人卡爾・羅吉斯（Carl R. Rogers）般，做到全然接納他人，又能保有自己的真實一致？

> 我能不能以某種方式讓另一個人感受到我是值得信任的、可靠的，而且在某種深刻層次上，我仍是前後一致的？（摘自Rogers, 1990/1961, p.58）

直到我終於體會，尊重、接納當事人的一切，並非要失去自己的觀點。而是在諮商中專注、用心且放空地站在當事人的角度體會他的狀態。要做到這一點，諮商師必須先覺察、澄清自己的價值觀。若未經探索、思考的價值觀成為諮商師的潛在信念，諮商工作就容易受到這些價值觀的干擾。

我曾經認為自己具備現代男女平權的觀點，覺得第一胎男孩、女孩一樣好。有一天，懷孕的同事產檢回來，告訴我們，醫生確定她懷的是女兒。我竟然以安慰的口氣說：老大是女兒很好，好帶又能照顧弟妹。立刻被另一位同事嘲笑：「你怎麼還有這麼落伍的想法！」我才驚覺到，理智上我雖相信生男生女都好，但內心仍存留重男輕女的餘毒。說不定當時我還對自己只生一個女兒感到遺憾。

另一樁性別刻板印象的事件是，平日教學中，我常強調家事是家中的事，本就該全家共同分工合作，沒什麼事情是男人或女人該做的。那時我尚未生小孩，家裡只有我跟先生。因為兩人工作都很忙，鮮少下廚，以外食為主。有一次和朋友聚會，先生隨口向友人「炫耀」我們是時髦的外食族，家裡的鍋鏟都快生鏽了。我一聽，火冒三丈，心想他竟在人前責怪我不盡為人妻的責任。回家後就向他發了頓脾氣，先生很無辜地提醒我：「做飯又不是你的責任，我也可以做飯呀！你怎麼會認為我是在怪你。」我好慚愧，原來我是個言行不一的老師！

這兩個親身經驗讓我深刻理解，即使在我們的意識層面看似清楚的價值觀，仍需要加以嚴格檢視，才不會不自覺地誤導我們的行為。

除了價值信念外，諮商師也會對人的某些特性有好惡，特別是厭惡感，很容易影響我們對當事人的接納程度。例如，愛耍賴、不負責任、不忠誠、強勢、咄咄逼人、好掌控他人、愛生氣、過度黏人或依賴、散漫、討好等特質（這些是學生在課堂中討論出最不能接受的特質前十大排行榜）。我們若很討厭其中幾項，當遇到有這些特質的當事人，多少會有差別待遇，即使努力克制，仍可能被敏感的當事人察覺。尤其這些「討厭的特質」若是諮商師本身的投射——不喜歡也不願意承認自己擁有這些特質——就更難避免產生排斥感，以致直接干擾諮商關係和效能。

歐文・亞隆（Irvin D. Yalom）在《愛情劊子手》一書中，提到他早期對胖女人很反感到噁心的程度。但他還是試著克服這種感覺，接了一位胖女人的個案。兩年後，這位個案算是成功結案，但在最後一次諮商中，當事人還是帶著憤怒地表達，她感覺到相對於其他個案，諮商師根本不喜歡她。她說，諮商開始前半年，諮商師難得正眼看她，也從未在她進諮商室時，站起來握手迎接。而她看諮商師都會迎接下一位個案，有時還會拍個案的肩膀。亞隆聽了，感到既吃驚又困窘，只能反問當事人何以願意留下來。當事人無奈地說：「大家對我都是這樣，我也不敢奢求，至少你還願意專心聽我說話。」

此外，諮商師對自己的一些自我要求或規則，如不能麻煩人、事事忍讓不爭取、做事要有計畫、事前要充分準備、生活要有規律、處事要積極進取等，也會有意無意地影響諮商。

我曾經諮商過一位中年工作倦怠且有憂鬱傾向的男士，他願意前來諮商是因嚴重的遲到已使他面臨被開除的危險。他述說他的困難：早上可以準時醒來，卻難以下床，總躺在床上，被不斷縈繞在腦海的自責自貶想法困住。覺得起床後就要去做那已經厭倦，也愈來愈沒信心的工作，更無法振作地爬起來。我評估他的其他基本功能尚可，也沒有自殺危機後，認為應該先配合他前來的目的，處理目前急迫的問題——如何立即起床的方法。但我也感覺出當事人對討論這樣的主題似乎有些意興闌珊。

那時我剛到那個諮商機構兼任，每週都可接受督導。當週我就和督導討論這位個案。我剛說完個案的大致狀況及我的困惑，督導竟然問我：「你會賴床嗎？」我衝口就說：「從來不會。」一說完，我就有點懂了。督導接著說：「你的信條是要求自己過規律嚴謹的生活，早上一醒來要馬上下床梳洗，開始努力工作，對吧？所以，你會選擇先和他討論起床的問題。人真的需要一醒來就起床嗎？」

我當時立即想到自己大學時期住宿舍，睡上下舖的下舖。我在床板面向我的地方貼上四個大字——戰勝自己，期許自己絕不賴床。原來，我根本還不夠了解當事人的問題及痛苦，只是順理成章地用自己的生活準則去框架當事人。無法貼近當事人的心，如何幫助他呢？

此外，諮商師的性別、社會階級、宗教信仰等都帶著某些特定的價值觀，諮商師要注意不要因此影響了對當事人的了解和諮商的進行。

我督導的一位諮商師曾說：「原來自己的心裡真的隱藏好多標籤、偏見，這些東西在智性討論時是看不到的。而真的遇上時，就悄悄地跑了出來。不過，還好我還是『看得見』個案。所以，我要努力把『看見』變大，然後把『自己以為的東西』變小。」

二、諮商師的個人經歷

每個人都有精彩的生命故事，但其中難免也有創痛、失落、掙扎與委屈的受傷部分。有的傷口已經復原；有的傷口仍隱隱作痛；有的傷口還在持續擴大。諮商師帶著自己的疤痕或傷口，和帶著更大傷痛的當事人相遇，會激盪出怎樣的浪花？

理想上，似乎應該處理好自己的傷口，整理過自己的成長經驗，再開始擔任諮商師的工作，但實際上是不太可能的。有些傷口需要長時間治療，即使結了疤仍會引起不適。而且，生命的旅程還在繼續，即使訓練有素的諮商師也不可避免地在生活中再受傷。

因此，諮商師不但要在養成過程中檢驗自己的生命歷程，面對曾有過的傷痛經驗進行處理。並在當事人的故事碰撞到我們尚未痊癒的傷口時，學會如何減低對諮商的干擾及對自己傷口的刺激。這種功課可能在生命歷程中一再遇到。諮商師要保持覺察，隨時有再度因應、處理的準備。

有些人會認為，曾經和當事人有過類似的經歷，一定更能體會其心境，而得以迅速建立良好的諮商關係。但我從實際觀察和經驗中，發現這種情形要對諮商工作有所助益，還需要某些特定條件。因為人的差異太大，再相似的經驗也不可能有完全相同的感受。但若經歷類似，容易促使我們自動地把自己的傷痛反應套到對方身上，反而會跟當事人的經驗有點距離。尤其是我們的傷痛尚未完全復原時，會和當事人的經驗有所混淆。

我督導的諮商師，有一次接到一位父親過世半年還走不出失落的當事人。諮商師先慢慢探索當事人和父親的關係，父女兩人過去確實有長期的情感糾結。當事人自小就是父親最疼愛的女兒，但青春期時因反叛父親對她的過高期待，兩人產生了很大的衝突，有離家、一兩年不說話的狀況，但後來父女倆已和好。

更關鍵的是父親死前幾個月曾向當事人抱怨身體不適，但當事人正值轉換新工作，無暇陪父親就醫，只囑咐父親自己去檢查。父親在一個週日突然昏倒，由當事人緊急送醫，救治幾天後仍因心臟衰竭過世。當事人非常內疚，覺得如果之前能親自陪父親就醫檢查，可能就不會發生這樣的憾事。當事人更認為是因自己不知父親病情，無法告訴醫生父親有心臟問題，醫師也沒及時發現，才造成父親的離世。

諮商師雖認為因疏忽父親的身體健康所造成的強烈罪惡感，比較折磨當事人，卻選擇先探究過去的父女衝突經驗。諮商師的選擇讓我感到相當困惑。所以我探問諮商師的相關經驗，才知道自小照顧諮商師的祖父也在四個月前過世。他對自己這兩、三年到台北念研究所，無法照顧生病的祖父，有很深的歉疚，更遺憾沒來得及趕回去見祖父最後一面。諮商師也才恍然大悟，他害怕去討論的是和當事人類似，還處理不了的歉疚、遺憾以及對失去的悲痛！

有的諮商師被當事人的議題撞擊到時，會很快陷入當事人的問題中，也如同當事人般的混亂、痛苦。例如，諮商師和當事人一樣，某種程度上缺乏自信，在面對當事人時，所言所行就變得沒有分量及力道。

有位諮商師不習慣表達自己內在的情感和感受，覺得家人也是如此。但是家人之間常用負向的言語互動，以致衝突多過於關愛。這個問題一直讓這位諮商師很懊惱，當他還在處理自己的議題時，竟然接到與他狀況同出一轍的當事人。致使他在面對這位當事人時，很容易認同當事人的情緒，而覺得無助、找不到出路。（我個人和督導的經驗中，諮商師經常會接到與自己議題相似的個案，似乎是要不斷地考驗、磨練諮商師。）

有些諮商師會因此難以和當事人「接觸」，害怕一「接觸」，就好像碰到自己的傷口，讓它再痛起來。

一位諮商師說：「我原本以為我跟當事人有類似的經驗，能協助我更了解當事人，後來才發覺那可能是個陷阱與限制，會讓我以為已經了解他的情形，不會再進一步澄清與確認。然後很容易把自己的情況往當事人身上套，我其實是停在自己身上而不是當事人身上，造成的限制是讓諮商師減少了解眼前的當事人──另一個獨立個體，也沒機會讓他更認識自己。」

三、諮商師的自我期許與焦慮

諮商師過度在意自己的工作表現和成效時，會干擾到諮商的進行。一方面，會輕忽人們心中暗藏對改變的恐懼，或潛意識地眷戀在這痛苦中相對獲得的利益（例如有些憂鬱症患者會擔心，復原後就不能再享受生病的特權；不成熟的人根本不願意長大，他不想承擔長大後要負的責任；飲食疾患若復原，就會失去運用厭食的控制權）；另一方面，可能會不自覺地去要求或催逼當事人改變，拿捏不到諮商該有的脈動。

我還發現，太相信諮商效果的諮商師，常會高估心理對人的影響，而耽誤了一些生理或環境的病徵。認定像頭痛等生理現象必然是心因性的，有時會造成無法彌補的遺憾。

諮商師會對諮商工作有過高的期待，常是因為助人的意圖太強，恨不得越俎代庖，幫助當事人很快改變。諮商師急切地想看到諮商成效，會使諮商亂了步調。當事人不但可能跟不上，還會感到諮商師對其的「失望」——不能更快一點改變或進步。當事人因此更沒自信，覺得自己很糟、無藥可救。

因諮商師本身的拯救者心態而過度展現自己，容易變成以「助人」之名來滿足個人成就。諮商工作有成效，諮商師當然會有成就感，但僅為了諮商師的成就感而工作，諮商師努力的重點不是真正關懷、協助當事人，會扭曲了諮商的焦點和方向。而且，拯救者會傾向把責任全部攬在自己身上，某種程度來說就是界限不清，讓自己工作負荷過重，於是又會從拯救者變成受害者。

有時，諮商師很想表現自己的專業能力，隱隱希望讓當事人覺得自己很厲害，能精闢分析當事人的狀況，或明快地抓到問題癥結。這時，諮商師常會過早提出詮釋與解析，將現在的狀況與過去的成長創傷經驗連結。於是，諮商師走在當事人之前，而此刻的當事人，其實是無法真正接收和體會諮商師的分析。諮商師的解釋再精準、犀利，都只屬於諮商師個人，對諮商是無效的作為。更可惜的是，剝奪了當事人自己去經驗、發現的機會，違背經驗取向諮商的基本精神。

相反地，有的諮商師則因對自己沒信心，過於擔心自己做不好，而在諮商中過度焦慮，影響了諮商成效。一般新手諮商師最容易如此。另外，以我的觀察，我們的教育制度所培育出的優秀學生，普遍有低自信的現象。這是諮商師養成機構要特別關注的問題之一。

新手諮商師會有幾種擔憂：擔心當事人不滿意諮商師的表現、擔心機構或同儕認為諮商師的效能不高（在預定時程內仍達不到目標而需要延長諮商次數）、當事人很快結束諮商或流失，以及達不到諮商師自己預期的成效。

諮商師懷著高度焦慮諮商，注意力大部分是在自己身上，想著自己下一步該怎麼做；評估自己所說的話是否正確、適時；懷疑自己抓到的方向是否恰當、有助益，很難把焦點集中在當事人身上，也就無法專注傾聽和接觸當事人，更遑論了解當事人及建立高品質的諮商關係。

> 我們（治療師）太害怕犯錯，就會什麼都不能解開。（摘自Teyber, 2000/2003, p.164）
>
> 當他們過度要求自己的表現時，治療師是不會有效能的。……當治療師太過於努力時，幾乎不可能去掉自我，不能同理地進入個案的主觀世界，及感受當下的情緒。……新手治療師被鼓勵減低他們內在監控歷程，專注當下與個案互動，及對個案有意義的特別經驗。……治療師最好是放鬆、有耐心，而且協助個案揭露他們經驗的故事，不苛求自己的表現而分散注意，……總之，如果治療師有過度表現的焦慮就會沒有效能，因為他們反應太多自己的內在需求，而不是了解個案的需求。（摘自Teyber, 2000/2003, pp.59-60）

「什麼對當事人最好」的思考，一定要放在諮商師心中最重要的位置，而「對自己是好諮商師的期待」，必須是次要的。諮商師不必太「doing」，那多是為自己而做！

千萬記得，諮商室中的鎂光燈只能聚焦在當事人一個人身上！

四、諮商師的反移情

反移情（countertransference）的三種觀點：

第一是正統佛洛伊德對反移情作用的觀點，是從諮商師的人格衍生出來，特別是諮商師自己懸而未決的內心衝突，很可能會干擾諮商歷程。第二則認為是諮商師對當事人建立人際關係之策略的反應。也就是諮商師在與當事人建立諮商關係的互動中，所體驗到的感覺。對了解當事人人際關係之風格或內心活動相當有用的線索。而第三種反移情作用是諮商師與當事人之間合創共享的人際經驗。（摘自McLeod,1998/2002, p.81）

第一種反移情對諮商師的效能產生很大影響。出現這種反移情時，諮商師可能因而無法進入當事人的困境中。例如，當事人的家庭衝突狀況，勾起諮商師自己的家庭衝突議題時，而無法真正有效的幫助當事人。

諮商師要注意自己是否出現以下幾種反應，那可能是產生了干擾諮商的第一種反移情：1.過度同情當事人；2.急著幫忙但又害怕過度涉入；3.「認同」當事人的痛苦；4.對當事人有情緒，這情緒是來自於諮商師自己的投射；5.對當事人有感情，這感情來自於諮商師的投射；6.諮商師自己的議題被勾起。

有時當事人的移情作用和諮商師的反移情會交互引發。例如，當事人對諮商師有所依賴，可能不單是他的問題，事實上，諮商師也做了一些事情讓當事人有機會依賴諮商師。如當事人的配合度很高，很信賴諮商師，讓晤談進行得很順利。無形中，諮商師也接受了當事人對自己的依賴，甚至喜歡這個信賴感。這也給了當事人機會離不開這個諮商關係，同時諮商師也可能看不到當事人可以獨立的事實。

第一種反移情，多數是因為諮商師的個人議題尚未處理完全所產生。

若當事人對人不信任，是因害怕自己被他人背叛、欺騙和傷害，而以此來自我保護。當這位當事人進入諮商關係，對諮商師表現出一貫不信任的人際模式，讓諮商師感到不舒服。諮商師容易自然地拿出盾牌擋在兩人之間，以致諮商師和當事人根本無法真正的接觸彼此，更遑論建立良好的諮商關係。這是第二種反移情。

在這種情況下，只有諮商師能察覺到自己的「反移情」，才能夠透過當事人的陳述、回應方式及兩人的關係等，重新理解與同理當事人這個人和他的人際模式。

如果諮商師愈清明，就愈能運用自己來工作，本然地真實反映自己的感覺。所謂清明就是如前所述，需要澄清自己意識或潛意識的個人價值觀；面對自己的人生課題，並已有某種程度的理解與處理；對諮商保持合宜的期待，並能平衡內在主觀、客觀與感性、理性的部分等。

如此，在諮商當下，能將我們對當事人某些行為所產生的各種感受，用來幫助當事人重新覺察自己。當我們覺得有點不對勁，有些情緒浮起，有所困惑，那一定是個值得工作的著力點。可能是當事人自己還沒說清楚，或特意隱而不顯的部分，通常這些都是讓諮商前進的關鍵。以諮商師的清明狀態，運用自己在諮商中對當事人產生的感覺工作，是第三種反移情。

諮商師太過認同或害怕當事人「受苦」，也是一種反移情現象。我在督導諮商師時最常見到這種反移情。

諮商不只是個撫慰人心的溫馨過程，也是真正要幫助當事人適應生活，進而展現潛能。這是一個艱辛的過程，需要打破當事人過去的防衛機制；調整當事人自小培養但現在已不適用的生存法則；改變當事人慣性的行為模式；處理當事人曾有或現有尚未復原的傷口。在這條充滿痛楚、掙扎與淚水的成長道路上，陪伴以及激發當事人內在力量的諮商師，不只要有扎實的專業訓練、關懷包容的態度，也需要有相當的冒險性和勇氣。不然，老怕犯錯，過度心疼當事人，過度認同當事人的痛，很難陪伴當事人走到目的地。

諮商師要保持某種程度的冷靜客觀，不能輕易「認同」當事人的負向情緒或痛苦。

例如，有位當事人之前曾有不愉快的工作經驗，因而罹患憂鬱症一段時間。痊癒後，對找新工作有過高的焦慮，深怕自己又選錯工作，一直無法下決定。諮商師太關注當事人的焦慮，一直想幫助當事人分析幾個工作機會的利弊得失。但不論衡量得多仔細，當事人仍陷在焦慮中（以諮商師客觀的角度看，幾份工作各有優缺點，對當事人應該都是不錯的選擇。而且，當事人之前的痛苦經驗並非來自工作本身，而是人際的相處問題）。於是，諮商師不但無法幫助當事人減輕焦慮，反而自己也焦慮起來。

雖然覺察清楚做正確的選擇很重要，但有些選擇實在難說對錯，更可能出現歪打正著的情形（甚至也會走到原先預定的目的地，所謂「條條大路通羅馬」），即使是條不同的路，若可以欣賞「錯」路上的風景、新奇的事物、不同的景致，走遠點說不定也會有驚喜的收穫。但只要我們認同當事人的焦慮，一起陷入難以抉擇的狀態，就無法帶當事人看到，不論選擇對與錯都可能會有美好與驚喜。

諮商師若能跳出當事人的焦慮氛圍，不再焦慮，就能清明起來。再試著帶當事人以旁觀者角度看自己的焦慮，也許其來源只是被過去經歷所過度強化的警戒線，並非對未來選擇的困難。當事人如何用更有效的方法因應新的選擇，可能比選出「最適合的」結果重要。

諮商師過度認同當事人的受苦，也會造成為當事人負起過多責任。過於努力照顧當事人，可能讓當事人減少自我照顧的機會。諮商師的任務在幫助當事人成長、自我照顧，而非親自照顧當事人。

諮商師要放下對當事人的苦處過度認同，必須敏於覺察和反思一些重要的關鍵訊息，幫助自己區辨是否太為當事人著急。若是，就要讓自己在心理上稍微拉開距離。但在這之前，要能「接納」當事人現在是陷在痛苦裡，和當事人的痛苦同在，而不是迴避當事人的痛苦，也不是因為看到當事人的痛苦而急著想為當事人做什麼，或是陷入當事人的「想要」裡。如此諮商師才不會陷入混亂與無力的情緒中。

我曾經督導過一位非常善感的諮商師，很容易被當事人強烈的感受「抓住」。有一次我們討論一個已談過多次的個案，諮商師已經帶著當事人開始觸碰他的核心困境，但是進入主軸議題後，引發了當事人的「巨大負向情緒」，諮商師也跟著陷入其中。且因太心疼當事人，不敢深入繼續探索，更因在當下無法抽離而看不到應當看見的全貌。

其實這正是當事人的問題，容易被「慌張」、「恐怖」、「瘋狂」的感覺抓住，而失去生活的能量和功能。當事人因此不斷要求諮商師給他有效的「止痛方法」，諮商師慌了手腳，覺得自己無法提供有效的處理，也提不出好的止痛藥，而深感自責與不安，差點無法和當事人繼續「工作」。

諮商師如何經營自己「這個人」

一、諮商師的自我探索與了解

㈠面對自己的焦慮

存在主義的觀點認為焦慮是生存的一種狀態，焦慮和自由是一體的兩面。成長、改變、冒險、吸取新知、面對新事物、嘗試新行為等都要面對焦慮。逃避焦慮，人就失去自由與放棄選擇權。

齊克果認為：為了成就自我的人格，個人必須勇往直前、義無反顧……個人的可能性（創造性）愈高，他潛在的焦慮也就愈高。可能性（「我能夠」）或可過渡成為事實，但是過程中的決定因素卻是焦慮。（摘自May, 1972/2003, p.65）

尼布爾的觀點：會產生焦慮，一方面是人像動物一樣是有限的，有其存在的偶然與必然。但另一方面，人類也擁有自由。人類「不像動物，他能看清自己『偶然的』處境，並期待隨之而來的冒險」，就這點而言，人超越了他自己的有限。「簡言之，人因為既有限又自由，既受限又無限，所以是焦慮的。自由與有限並存的弔詭情境，使人生而焦慮。」（摘自May,1972/2003, p.19）

諮商師要能面對焦慮，接納焦慮，學習與焦慮共處，將焦慮當成一種冒險前進的動力，而不干擾諮商工作的進行。

(二)探索並了解自己

每位諮商師都有其獨特的行為（或情緒反應）模式來因應生活上的挑戰、失落、變化與困頓。不同的行為模式可能來自過去經驗、個人特質或依附關係行為。這些都可能影響其面對當事人的反應，以及對當事人的理解。所以，要成為優秀的諮商師，必須勇敢地自我探索和深入覺察，並把它當成專業生涯中持續不斷地功課。

同時，諮商師也要清楚自己表現於外的一切行為，了解對他人而言，自己傳達出哪些訊息。包括儀容裝扮、肢體語言、表情眼神、非語言訊息等等。這並非是要在意別人對我們的看法，而是要掌握住自己的言行對當事人的影響。

對諮商師而言，在自我了解中最重要的是個人界限的議題。建立清楚有彈性的自我界限，是身為諮商師的基本條件。

自我界限清楚的人能區辨出哪些是他人對我們真實的感覺，哪些則是別人對我們的投射。包括別人對我們的批評指責，或抱怨我們造成他們自我貶低、受傷，或別人對我們的強烈服從和依賴，以及特別喜歡或讚賞我們。當理解到對方的反應是一種投射，就能清明地不讓他人的生命議題干擾到自己和雙方現在的關係。

界限議題裡，情緒界限對諮商師特別重要。擁有好的情緒界限，就是有一條明確的界限，畫出屬於我自己的情緒，也分出哪些是別人的情緒。別人的情緒就是別人的，我們只能了解、同理他，不必為他人的情緒負責，更不必隨之一起跳進情緒的波濤中被淹沒。

建立良好的界限不外乎幾個部分：充分自我了解；區辨人我差異；處理過去人際關係上相關的負向經驗，特別是「被侵犯」的情況（包括信件被偷看等的隱私侵犯、過度保護關心等的人身侵犯、強迫接受他人觀點等的意志侵犯、情緒勒索等的情緒侵犯）；檢視目前重要的親密關係；學習尊重自己的權益與身心空間；勇於表達自己的意見與觀點。

這些方法說來簡單，卻是艱難的功課，特別是在華人社會重情感和重家族的文化中。諮商師們要努力修為！

情緒是自我議題中另一個要慎重面對的功課。諮商師要先對情緒理論、歷程及生理機制有深入認識，再以正確觀點去理解自己的情緒，並接納它們。最後，成為情緒的主人，有效管理自己的情緒。

通常諮商師會「抓不到」當事人的情緒，逃避該進行的情緒處理，大多是因為諮商師自己害怕、不能面對的情緒。好的諮商師必須「不怕」任何種類與強度的情緒，才有辦法和不同的當事人真實「接觸」，真正陪伴他們、了解他們，與他們同在。

諮商師自我議題中最難也最大的，就是面對並接納自己的負面感受和能量（所謂的黑暗面或「原魔」）。只有諮商師自己整合好這部分，才有可能陪伴當事人去經驗與處理他們的黑暗部分。

若我們潛抑原魔，我們將發現這些力量會回過頭來使我們「得病」；然而，若我們讓它們留下，我們必須奮力邁向一個新的意識層次，以便整合這些非人的力量，而不是被他們制伏。而且不論選擇哪一條路，都必將帶來痛苦！（這是多麼令人振奮而誠懇的格言，很適合貼在心理治療者的辦公室）（摘自May, 1969/2001, p.251）

《地海巫師》一書以寓意的故事探索了整合我們黑暗面的議題。書中主角「格得」，因為嫉妒、驕傲、自大、憤怒，而叫喚出強大的黑暗力量「黑影」。此邪惡力量被喚出，第一次差點就摧毀了格得，之後更躲在暗處，隨時隨地伺機吞噬喚他出來的人，再利用他的形體去危害世人。因此格得不斷被追逐、傷害，直到有一天他能領悟而勇敢轉身，反過來追捕、搜尋那不知名的黑影。

最後，「以自己的名字叫出黑影的名字，藉此使自己完整，成為一個人，一個了解整體真正自我的人，除了自己以外，他不可能被任何力量利用或占有，因此他只為生活而生活，絕不效力於毀壞、痛苦、仇恨或黑暗。」（摘自Le Guin, 1971/2002, p.252）

每個人都擁有內在黑暗的力量，會伺機出現讓我們失去掌控自己的狀態。若我們壓制它，它可能會衝出來反噬自己。只有承認那是自己的一部分，反身收制它，成為那力量的主人，才能真正成為完整的人。

二、諮商當下處理個人議題的干擾

諮商師會在諮商過程中感覺卡住、產生僵局或打轉，以及表現不出自己平時的能力，做了不太合理的選擇（如前述諮商師忽略最明顯的罪惡感議題），以我的督導經驗來看，很可能是碰到諮商師的個人議題，特別是當事人談的主題對諮商師的意義。

在諮商當下，諮商師要學習讓自己的議題不產生立即的干擾。首先，要覺察個人議題干擾的線索。有時線索很明顯，自己經驗中的片刻畫面、聲音清晰地閃過腦海。

有一次我處理一個情傷個案，大概是情況很相似，忽然間十幾年前我初戀男友的臉孔就浮現眼前，雖然不到一秒鐘，但著實讓我嚇了一大跳。結束後我仍很驚訝，我不認為我和初戀情人還有什麼未完成的事件，也已經很久不曾想到他，卻還是發生了短暫的小干擾，可見人的記憶具有不可思議的神奇力量。

有時線索比較曖昧不明，可能是心頭微微地抽動一下；著急、生氣、難過或害怕等情緒隱隱被挑起；覺得忽然有點茫然或恍惚；對當事人的狀況有些不耐煩；想離開諮商或結束諮商等等。諮商師平時對情緒來襲時的身體反應愈敏銳，愈能覺察到此線索。

一般而言，覺察到自己的議題被引出的當下，趕快做幾個深呼吸，把那個呼之欲出的議題暫時吸回去，將注意力更集中在當事人身上。有時在心中再次確認自己的「諮商師角色」，也會有幫助。

此外，平時可以覺察自己關閉情緒的自動化方式。每個人在社會化的過程中，都會發展出暫時隔絕情緒的方式，如深呼吸、吞口水、咬嘴唇、緊握雙手等，都是常見的快速切斷情緒的方式。熟悉自己的方式，並由自己掌控，在諮商室裡就能用來暫時關閉被個人議題引發而產生的情緒。

既了解又能控制關閉情緒的方式，平時想和自己的情緒接觸、想經驗自己的情緒，以能更了解和紓解情緒時，就可以不讓情緒總是被自動化系統關閉。這對諮商師處理好個人情緒議題也很重要。

當然，最根本的是好好地面對自己的生命議題。諮商師要了解自己的哪些課題會影響諮商功能，必要時要找適當的人選進行個別諮商。在處理自己課題的過程，更要與督導或同儕討論，如何減少因個人問題對諮商的影響。若真的發現個人問題嚴重干擾諮商進行，暫時停止諮商一段時間，可能是必要的。

諮商是服務人的工作。諮商師雖有其專業角色，仍需以「真實的人」去面對所有服務對象。專業角色的養成容易，但「真實的人」的培養則相當困難。正因如此，在諮商工作中，有時諮商師本身的成長會大過對當事人的幫助。諮商師雖難為，但也是一種幸福的工作！

應用篇

第五章 完形諮商的情緒處理

個案常會被自己的情緒所混淆。他們的情緒發生得似乎毫無理由，而且經常一次比一次強烈。個案沒有能力了解自己的情緒反應毀損了他們的自信，並造成自我懷疑。協助個案了解他們的情緒反應，是提高自我效能很重要的出口。

（摘自Teyber, 2000/2003, p.145）

參加「完形治療師訓練課程」的第一天，我提早到達，工作人員還在做最後的場地佈置。其中一位拿著一袋至少八盒的面紙，分置於二十幾位成員的座位間。我心想，太誇張了！才第一天不是嗎？成員彼此都還不認識，就會哭得這麼慘嗎？團體開始不久，我就領教了完形諮商的催淚功，感到隨處可取得面紙還真是必要。

不過，完形諮商並非刻意要引發出情緒，而是當事人需要親身在當下經驗生命中未完成的痛苦事件，這些事件之所以未完成，就是因為當時的情緒無法抒發與處理，內在需求也未獲滿足。現在重新經歷，帶出事件發生時的情緒，實屬必然。

相對於其他諮商學派，完形諮商的諮商師的確更常面對當事人強烈、複雜的情緒。所以，特別要能接納各種情緒狀態，不害怕任何強度的情緒，以及處理各種情緒反應的能力。

情緒會干擾我們的理性思考，當事人在經驗強烈情緒時，不但無法「理解」自己的情緒，更感到自己快要失去控制，因此會覺得自己很糟糕，連自己的情緒都不了解，而那種無法控制自己情緒的失控感，也會減低其自我效能。諮商師必須能夠在當事人處於此混亂狀況下，支撐當事人走過此歷程，陪他們慢慢理出自己的情緒，再從此情緒經驗中看清自己的真正問題。

何謂「經驗」情緒

經驗感受與談論感受——個案最好的改變時機在於他們體驗了他們問題中最完整的情緒衝擊。（摘自Teyber, 2000/2003, pp.142-143）

完形取向諮商重在「經驗」情緒，下面說明其特性。

一、同理與經驗情緒不同

同理是由諮商師說出當事人的情緒經驗，即使同理地再契合、貼近，那也是諮商師的體會，不是當事人的。而經驗情緒，則由當事人親自體察自己內在發生了什麼，情緒的變化如何。諮商師僅提供觀察到的情緒相關「線索」，協助當事人的體驗。例如，當當事人哭泣時：

諮商師的同理反應：「這件事讓你很難過。」

引發經驗的說法：「我看到你掉眼淚，此時發生了什麼？你正感受到什麼？」

二、情緒宣洩和經驗情緒不同

若當事人對過度嚴厲的父親有很深的憤怒。可以請當事人以打抱枕、哭、叫、罵出來等來宣洩情結。

而經驗情緒是讓當事人在此時此地，面對代表父親的椅子或抱枕，述說因父親的對待所經驗到的複雜感受：「我真的恨你，你每次都那樣狠狠地打我，讓我覺得你根本不可能是我的親生父親，或你從不想承認我是你的女兒，甚至沒把我當成人看。我真的很氣你，有時更會想打回去，讓你求饒……可是我當時其實害怕得不得了，我怕我會被你打死。……我也困惑，你為什麼不能像其他人的父親一樣，愛自己的女兒？我真的那麼壞嗎？……天呀！我發現我還一直渴望你能愛我，好希望有一天你也會抱抱我，會讓我騎在你的肩上去散步……」這樣的「經驗」情緒，是希望當事人仍在自我的掌控和意識中，能較勇敢地體驗更深層的感受；或帶當事人體驗出身體的蛛絲馬跡，以進入更深一層的覺察。

當然，經驗情緒也有一些宣洩情緒的功能。

如何協助當事人經驗情緒

一、幫助當事人經驗情緒的方法

諮商師可用以下方式協助當事人經驗自己的情緒。

1. 諮商師隨時注意當事人因情緒所產生的各項細微變化，適當地將這些變化反映給當事人，並請其經驗這樣的變化。

若當事人無法透過這些變化感受到情緒，或說不上來是什麼情緒，可以請當事人將某些情緒面部表情或肢體動作，更為誇大且重複地表現出來。例如當事人提到某人，就會頻頻咬嘴唇或說話速度變快，可請他更明顯地咬嘴唇或說得更快一點（誇張技術）。通常這些情緒表情和肢體動作是情緒的一種變相表達方式，將它誇大有時可引出情緒感受。

2.諮商師把觀察到的情緒非語言訊息與語言不一致現象回應給當事人，讓他去經驗，也可用「面質技術」反應。例如，「我很好奇，你嘴裡說不很難過，可是你眼眶紅了，聲音也有些顫抖。你有發現這樣的矛盾嗎？請你體會一下這種差異。」並給當事人一些時間體驗。

3.在當事人剛出現情緒時，及時請當事人停在這樣的感覺中。並提醒當事人不要害怕，就是去體會，諮商師會陪伴著他。

4.若諮商師能抓到當事人的情緒，可試著問是否為某種感受，再請當事人重述其情緒，並加上當事人當下所體會到此情緒的引發點。例如「我對男友不尊重我的意見感到很生氣，我真的很氣他不尊重我！」可請當事人多說幾遍，或放大聲音再說一次。

5.若當事人並非有意識地隱藏情緒，諮商師也能感同身受地體會到當事人的情緒，就可以用高層次同理反映出當事人還未覺察到的深層情緒，再由當事人去體會。

6.把當事人的情緒經驗形象化或隱喻化。例如「聽你這樣說，我好像看到一個小小的女孩，小心翼翼地拉著父親的衣角，用渴望的眼神期盼父親能低頭注意到她，你也看到了嗎？」

7.書寫：請當事人試著寫信給與他有情緒糾結的對象（不需要真的寄給對方），或寫給自己的內在小孩或某個特質。在諮商時可以讀出所寫的信或討論寫信時的情緒，並將此情緒帶到當下去經驗它。

8.圖畫：請當事人在家中或諮商室裡畫出一些需要去經驗的事件或主題。如當事人為自己過去一直壓抑的憤怒，畫了一座正在噴火的火山。可以請當事人說出畫中的故事和所表達的經驗。也可請當事人成為畫中任何一樣東西來表達，或與畫中的人物或東西對話。例如上文那位畫了火山的當事人，請他成為火山來發言，或請他和此火山對話。

9.靈活運用空椅法。（詳見第六章）

諮商師要注意，以上所有方法是要當事人去體驗原本逃避或壓抑的情緒經驗，使其有新的看見或理解，而願意面對處理，絕非為了激發出情緒。所以，促使當事人去「經驗」才是重點，情緒的引發只是帶出更多經驗的手段，或體驗過程中的副產品，而非目的。

二、運用具象化方式經驗情緒

情緒是抽象的，讓當事人經驗情緒時，可以運用具象化方式加以輔助，也就是由當事人選擇一樣具象物來代表某種情緒，較容易幫助當事人面對此情緒。

情緒具象化有不少好處。具象化的情緒可以放在空椅上，當事人有機會和自己的內在情緒直接對話。對具體的東西說話，當然比和摸不著、看不見的「情緒」互動容易多了。

具象化的同時，也能幫助當事人體會到，情緒只是我們的一部分而已，不是全部，不會「淹沒」我們。因此當事人比較有力量去管理此情緒，而非只能受其操弄。而且，要管理某種情緒，首在看清它。將情緒具象化，就能仔細觀察它。

任何物品都可以做為具象化的工具。在諮商室中最常用的是布或抱枕，其次是一些擺飾和當事人自己帶來的物品。我個人認為布是最好的材料。因布的材質柔軟，方便改變形狀及大小，可以披在身上，或使用數塊不同色彩的布，相互打結、綑綁、交錯或連結，來表現常見的複雜多層次情緒。運用布的變化與彈性很大，若能準備很多種不同材質和顏色的布，當事人就能選擇更貼近自己情緒的代表物。

有時，當事人可能會挑到很特別的東西來代表自己的情緒。例如，有位當事人拿了一張面紙來代表很大的挫折感，雖然當下當事人自己也很不解。經過一些體驗活動，體會到此挫折感讓其覺得自己很脆弱、無力，那張面紙成了在挫折之下不堪一擊的自己。諮商師運用具象化使當事人呈現隱而未現或不敢面對的情緒，例如脆弱、無力感等，才有工作的可能。

一位當事人原本不願面對自己巨大的悲傷。在諮商師的鼓勵下，他選了一塊黑布代表自己的悲傷，在一些預備性的接觸之後，當事人用黑布把自己整個包裹起來，代表被此悲傷情緒全然困住。當事人在黑暗中哭泣很久，然後悲傷地緩緩述說自己經歷的失落事件。等他稍微平靜後，他突然告訴諮商師，躲在悲傷裡也有一種安全的感覺。

這時當事人決定把頭露出來，只把布披在身上，用篤定的聲音說：「當我悲傷地哭時，心真的很痛，但是哭完有一種舒暢感，發現悲傷沒有我想像中可怕，我覺得現在的悲傷已不再大到淹沒了我，只是還是很大到和我同在（他拉了拉披在身上的黑布）。但我相信有一天我可以把它摺疊成一小塊帶在身上！」

這是當事人在工作之後對悲傷情緒的新看法，以及與之相處的新方式。當事人真實感受到自己的力量可以把情緒放大縮小，只要願意面對它。

另一位當事人談到與交往多年男友分手的失落。她的情緒非常複雜、混亂及強烈，因此在諮商過程中總是反反覆覆地說和哭個不停。當事人已說得夠多，諮商師帶當事人細看她內在混雜的多樣情緒，包括對男友及這段關係的不捨、生氣、失望、難過、委屈，還有對自己的自責、不滿、自卑等等。並讓當事人把這些情緒一一具象化，且將之排列、調整位置，清楚辨別哪個情緒較強，哪個情緒躲在內心深處，或哪幾個情緒糾結在一起。接下來，當事人試著去掌控這些「具體的」情緒就變得容易可行。

當事人在當下實地處理這些情緒，試著摺疊某個情緒。例如使自責變小，或拉出生氣。當她可以對前男友表達生氣，生氣就能化為力量。感受到自己的能量，不捨的情緒就能慢慢退卻（經驗的過程一定要緩慢而確實進行，才會在心中造成實質的牽動）。之後，諮商師可和當事人討論，如何在真實生活中把自責變小？如何讓不捨退後？

於是，在現實生活裡，當事人實質的改變就自然發生了！

三、幫助不願留在情緒中經驗的當事人

經驗負面情緒是很難受的，當事人自然不願留在那樣的感受中。而且，我們的社會文化總是勸人遠離情緒，且暗指有情緒是不夠堅強、不夠勇敢的表現。人們總是說：「不要想太多，

過去就算了！」、「忘掉那個痛苦的經驗吧！忘掉，一切就海闊天空！」、「不要再悲傷、難過了，你要堅強！」

當諮商師想幫當事人停留在其情緒裡，要正確回應當事人的情緒，且不必急切顯露出諮商師的期待。運用高層同理是不錯的方式。當事人的感受被深深地了解與觸動，就不至於很快地逃開這些情緒。不過諮商師要注意，所同理的情緒必須是當事人不想接觸的那些情緒。

例如，當事人談到自己在家中，總是扮演父母爭吵時的協調角色，但父母卻無法了解當事人的努力，還怪他不支持自己。當事人說著，開始有情緒反應，但眼淚剛流下來，就很快地跳開，並表示不必難過，重要的還是向前看，人生需要抱著正向希望才能解決問題。

此時諮商師若回應：「你想抱著希望往前走，急著解決問題。」或「你害怕沉浸在孤單及被誤解的情緒裡。」（反映「著急」和「害怕」這兩種情緒，確實都是「正確的」高層同理）當事人會馬上說：「對！對！」那種孤單、不被了解的情緒，當然就跑得更遠了。

如果諮商師想讓當事人留在辛苦且不被了解的孤單感受中，要強調：「我感到心疼！那麼努力卻不被理解是很委屈的，而且你一個人獨自撐著，尤其你還是孩子時，一定既害怕又孤單！」才有機會讓當事人再去經驗他不想面對的情緒。

前一種回應，諮商師貼近的是當事人用來逃避情緒的固著反應模式——積極正向的思考（躲在這種看似符合社會期待的正向模式後面，不願觸碰自己真正的感受和需要，最不容易突破。在日常生活中，周圍的人會鼓勵使用這種策略），以致造成反效果。

若當事人長期壓抑某些情緒，其意識層面根本無法覺察。在女性當事人身上最常見的此種情形是對憤怒情緒的隔絕。諮商師可能在當事人述說自己不堪經驗的過程，清楚地體會到當事人憤怒的情緒，但當事人絕不可能「承認」他自己沒覺察到的情緒。諮商師不能急著讓當事人體會自己的生氣，而是需要時間，慢慢地一層層進入深埋在底層的感受。

例如，一位受虐婦女小時候受到父親家暴，以致從來不敢生氣和反抗。剛來諮商時，她的主情緒是害怕和無助，在慢慢地探索與引導下，她有了委屈的感覺，感受到自己那麼小心翼翼地，以前討好父親，現在是服侍丈夫，為什麼還受到這樣殘暴的對待，特別有時根本沒有犯任何錯也會挨打。委屈感更清晰後，開始浮現不平的感覺。不平的情緒就有不滿和生氣的成分，可能先是怨嘆老天爺不公或自己歹命。諮商師可試著帶當事人，對當時為她婚姻說媒的媒人或讓她和丈夫相識的聯誼活動，表達一些不滿。當事人先透過對沒有威脅性的對象生氣，才有機會接觸她對丈夫或父親的憤怒情緒。

四、幫助和情緒隔離的當事人

有些當事人以和自己的感覺與情緒「解離」的方式生活。通常，這些「不願意」去感覺的人，在早年生活中面對過多的痛苦或創傷，為了避免承受太多的苦，不得已選擇了這最極端的逃避策略。這樣的人即使在「思考」或「回憶」事情，也習慣用一種「遠距位置」，並非身歷其境，以避免引發傷痛。事實上，如果關閉情緒、感覺的年齡太早，覺察能力可能產生退化，或因缺少經驗而減低。

要讓這些人在諮商中「經驗」情緒，並不容易；但若要幫助他們，這又是必要的過程。最根本方式是處理他們早年的創傷經驗。但這必須在諮商關係夠穩定，當事人對諮商師有足夠信賴，而當事人的自我也擁有某種程度的力量時，才能進行。

諮商師可以先讓當事人逐漸恢復其感官的能力——單純地聽、看、聞、嚐、觸，再帶領他和自己的內在需求與情緒接觸。當當事人比較真實地活著之後，再回頭處理過去的「未完成事件」，也就水到渠成了。

讓當事人練習「外界」覺察，可以活化當事人的各種感官能力。人類的感官能力是如實接受外界刺激的通道，通道暢通才能真實地和各種經驗接觸。另外是「內界」覺察，內界就是身體感覺和情緒感受，內界覺察敏銳才能體驗到情緒經驗，也才會有存在感。（內界、外界練習的具體方法詳見第九章）

五、處理情緒的要點

㈠宣洩情緒需注意的事項

完形諮商雖重在經驗情緒，但有些情況還是需要讓當事人宣洩情緒。但情緒宣洩若不恰當，可能會強化這些情緒。故情緒宣洩的效果一直以來就有爭議，必須注意以下幾個部分：

1.平時壓抑情緒、不習慣表達情緒的人，可能需要透過一些活動，讓他有機會宣洩那些壓抑的情緒。或是前述和情緒隔絕的當事人，適當地宣洩也是一種接觸被壓抑情緒的方式。

2. 若當事人日常生活中已有過度「表現」情緒的現象，諮商師要考量是否還需要在諮商過程中「宣洩」那些情緒。例如，當事人平常很容易發怒，常大發脾氣罵人或和他人吵架。諮商師不要誤以為他有很多的憤怒，需要宣洩的空間。

經常生氣卻無法抒發、消氣，要注意「憤怒」可能並非當事人的原級情緒，亦即他內心可能有其他無法表達的情緒，例如害怕，而無意識地藉生氣來掩蓋自認懦弱的害怕情緒。因此，諮商師需帶領當事人進入更深層的內在，探索是否有其他被壓抑的情緒。

3. 當事人在宣洩情緒時，若有「離開現在」、快失去「理性」，或身體反應過度激動的現象，例如，發抖、抽筋、呼吸不順暢或換氣過多，諮商師要立即引導當事人從情緒中「出來」。例如要當事人深呼吸或注意自己的呼吸、喊叫當事人的名字。請他注意聽諮商師的聲音或指示、要當事人看著諮商師或外在環境、適當的身體接觸等。

4. 情緒宣洩不能太過空泛，最好能聚焦在清楚的對象上。沒有對象的隨意發洩，反而容易耽溺在情緒裡，達不到宣洩的效果。尤其年幼的孩子，漫無目的發洩情緒，在現實生活中可能是危險的，容易把情緒轉移到身邊無辜的替罪羔羊身上。例如小一男孩對父親不合理的責罰很憤怒，轉嫁到對同學憤怒而攻擊他們。

㈡處理情緒的迷思

迷思一：完形諮商就是要引發當事人強烈的情緒。

完形諮商並非著重在引發情緒。只是當事人過去的未完成事件浮現為「形」，並與之真正接觸，因而容易湧現情緒。且經驗取向的諮商強調在當下讓當事人重新經歷痛苦的事件，因為較有臨場感，容易表現出強烈情緒。

迷思二：認為處理情緒需要較長的時間，若有時間限制，就不要處理情緒，而偏理性和認知的處理。

其實，只要掌握好諮商脈動，處理情緒不見得需要很多時間。而且不先關懷當事人的情緒問題，理性思考也無法順利運作。

迷思三：如果當事人要做某些選擇，諮商應著重選項優勢分析，當事人自然能做好的選擇或決定。

在我的諮商經驗中，大部分當事人在難以抉擇的困境上，早已自行分析過無數次。難在無法接受選擇之後的弊，或難捨未選擇那方的利。情緒的干擾，例如害怕面對選擇的結果；或者缺乏信心無法做決定；或焦慮不安反覆難選擇。所以，常常需要處理這些情緒，才能使當事人做出好的決定。

迷思四：超理性或情緒隔絕的當事人不適合處理情緒。

超理性和情緒隔絕可說就是這些當事人的困境，他們以此切斷自己和內在感受、需求和情緒的連結，他們內在不但很多能量被卡住，無法充分發揮潛能，更因缺少感性溫柔的一面，其人際關係，特別是親密關係通常會產生困難，所以更需要處理情緒議題。

㈢重新整理情緒的重要性

諮商師在每次諮商的最後要留下足夠時間，整理當事人在諮商中被激起的情緒。就像把傷口暫時再包紮起來，或把打開的「包袱」重新打包好，使當事人平日的生活功能不會過度受到影響。

提供幾種可以協助當事人在諮商最後快速平復情緒的方式：

1. 請當事人調整呼吸，以逐漸平復情緒。
2. 在當事人同意下，諮商師可以和他有些適宜的身體接觸，例如握住當事人的手、用手支撐住當事人的背部等，給當事人力量。
3. 回應當事人擁有的一些正向力量，讓當事人去感受，並在平時生活中帶在身上，給自己支持。
4. 核對與確認當事人當下的感受，並進行理性的討論。
5. 若在諮商中經歷到強烈的情緒，必須告知當事人在下次諮商前，生活中可能會經驗到一些後續作用力，並討論如何因應和自我照顧。
6. 強化當事人目前生活中的角色和實際的能力，讓當事人恢復應有的成熟表現，以照顧和幫助自己。（亦可參考第九章增能的方法）

㈣諮商師本身對情緒的認識與接納

在諮商中處理情緒，最大困難是諮商師本身對情緒的態度。很多時候，因為諮商師自己害怕情緒、本身壓抑某些情緒、不能接納某些情緒，所以照顧不了當事人的情緒。

除了不易接納諮商師個人最害怕的情緒之外；最難接納的是當事人強烈的憂鬱、自貶和罪惡感。例如，當事人說：「我是個一無是處的人，根本沒有存活在這個世界的價值，我應該消失！」、「我覺得都是我的錯，我不該讓他趕來接我（哭得肝腸寸斷）……該死的是我呀！」在此時刻，諮商師會出於本能的想幫助當事人離開這樣的情緒。這個念頭一出現，就談不上接納了。要能穩穩地接住這般萬念俱灰的情緒，諮商師的個人修為必須如上一章所討論，要「經營」良好。

情緒是人心理層面最複雜的部分，只用一章來說明情緒的特性、管理和協助當事人安置紛亂的情緒，實在相當困難。也許，我需要另外寫一本情緒處理的專書來加以討論。

第六章 完形諮商經典技術——空椅法

一張椅子
坐著某位不存在這裡的人
安置一張不願開口的嘴巴
放個憤怒的情緒
於是
Cinderella的大南瓜
即將成為一輛華麗的馬車
載著灰姑娘實現綺麗的夢想

中瑋於二〇〇九・二・十

空椅法是大家最耳熟能詳、也是被誤用最多的完形諮商技術。大多數人認為空椅法就是讓當事人面對一張空椅子，想像上面坐著一個和當事人關係糾結的重要他人，然後和這代表重要他人的空椅子對話。這樣的描述雖沒錯，卻過於簡化。

我認為要能掌握空椅法的精要，必須相當了解其所依據的完形諮商核心精神和改變機轉。首先，空椅法是基於完形諮商「形象／背景」的論點。在諮商中，諮商師必須處理當事人當下浮現最突顯的「形」，這是諮商師何時使用空椅法的主要判準。亦即未完成的過去事件或內在兩極的衝突與掙扎，此刻浮現在當事人腦海，諮商師「接觸」到了，並將帶著當事人開始更真實地在當下接觸。因此，空椅法一定是「此時此地」的親身經驗。完形諮商能掌握此時此地的原則去處理「過去的」未完成事件，就是靠空椅法來完成這項困難的任務。

其次，完形諮商也納入現象場的觀點，認為人是活在自己的主觀世界裡，相信自己所相信的。甚至，外在訊息也是由他主觀選擇而接收的。因此，一個人心中認定的母親樣貌，會重於母親表現於外的「真實」樣貌。所以在諮商中經常看到同一位母親的幾個孩子，所描述的母親樣貌完全不同。

因為這樣的觀點，當諮商師要改變一個人和其母親的關係，就先要調整此人內在建構的母親樣貌和他對母親的感覺，進而處理他內心的母子或母女關係，才有機會改善現實生活中他和母親的關係。或者，當事人在空椅上「成為」母親，似真地體驗母親的感受，多了設身處地對母親的理解，再來化解雙方關係的僵局就容易多了。所以，空椅法不需要對話對象實際出現就能產生很大效果，乃是基於「和內在主觀的對象對話，更重於和真實人物對話」的信念。

有時，若當事人願意，這虛擬的對話要在現實生活中再現，當然可行。而且，透過空椅對話的經驗，當事人已對自己和對方有一層新的了解，真實的互動關係自然會和過去有所不同。

第二章已清楚說明完形諮商是最典型的經驗取向諮商。相信「只有親身經驗，才能被納入個人內在的系統，產生真正的改變」。因此，在諮商過程中，諮商師要努力讓當事人在諮商的當下親身體驗，空椅法就是為了達成此一目的而設。透過直接的對話，使當事人不只是理智上理解，而能達到一種清明的頓悟，能在生活中造成實質的變化。

完形諮商並不希望當事人將對重要他人的情感投射到諮商師身上，若發現所謂的移情現象，必須立即處理。故在完形諮商中，諮商師不會去扮演當事人的重要他人。至於，（在團體諮商裡）由其他人來扮演當事人心中的重要他人，完形諮商認為同樣會形成投射的問題。且他人總是很難與其內心所認定的重要他人完全相符。於是，由「空椅」來承擔這樣的角色，就成為完形諮商的必然方式。

因此，相對於心理劇，我認為完形諮商可說是處理一個人內在的人際關係。

空椅法主要用於處理與他人關係中的未完成事件，以及內在的自我衝突，但實際上可以應用在諮商的各種時刻。例如情緒宣洩、探索自己的內在經驗、讓抽象經驗具體化、把當事人的內在問題或部分身體感覺等區分出來，使當事人能跳脫過去習慣的因應模式，以及從較客觀的角度觀看自己等等。甚至可以說，完形諮商只有一種技術——空椅法。

有些人特別將處理內在自我衝突的方法稱為「內在對話」或「兩極對話」，或提出很多完形諮商的技術，如投射扮演（playing the projection）、繞圈子（making rounds）等。但嚴格說來，這些仍是空椅法，或空椅法的變形。在完形諮商中，當事人在兩張（或更多的）椅子上工作，椅子上可以是重要他人、是自己不同的部分，也可以是當事人的身體器官、情緒、生活中的物品、外在的環境，甚至是夢或某種「氛圍」。所以不需要刻意去區分成雙椅法、三椅法或兩極對話。

以下是當事人透過和身體器官進行空椅法，而引出父女關係議題的案例。

某位當事人在進行一段探索後，討論到家人對當事人想轉換工作領域這件事的支持情形。諮商師發現當事人因擔心增加父母的煩惱，選擇不把自己的任何決定告訴他們，這種不願告知父母自己狀況的情形，從她小時候就開始了。而且當事人也很少向朋友們傾訴心事。但當事人表示，家人卻常批評她自私，只顧自己，完全不知道她的用心。當事人說到這裡，感到很委屈而開始哭泣。此刻諮商師突然有一個特別的感覺——當事人似乎很少用她的嘴巴。諮商師想看看是否可透過「嘴巴」來了解當事人是否有什麼特別的經驗，會讓她不願開口表達心事。

諮商師說：「你有嘴巴，但除了吃東西，似乎很少用到它。」當事人同意這種說法。於是諮商師邀請當事人把她的嘴巴放在空椅上對話。諮商師先讓當事人坐在空椅上成為嘴巴，有機會說說嘴巴何時選擇閉起來、關閉自己的情形，以及不能展現自己的感覺。

嘴巴說完，諮商師請當事人回到自己的位置，回應嘴巴的抱怨。當事人以強硬和堅定的口吻說：「我就是不准你說話，小孩子，特別是女孩子，就是不可以說話！」諮商師察覺說這話的不太像是當事人自己，問她說話的人是誰？當事人發現竟是古板且嚴厲的父親在說話。

這次諮商因此能很快進入主軸議題——當事人與父親的關係；還有當事人內攝了許多父親的要求與規範，使她無法與自己接觸。

運用空椅法處理未完成事件或內在衝突及情緒糾結，都是非常痛苦或傷痛的經驗，當事人很自然地會想逃避，完形諮商師需要稍微主動和超前地帶領進行空椅法。因此，必定在雙方已建立穩固、足以信賴的諮商關係後，才適宜使用空椅法。

運用空椅法的注意事項

下面以我個人被諮商以及諮商、督導的經驗，討論如何正確運用空椅法。

一、事前的準備與醞釀

常有人問我：當事人不會抗拒空椅法嗎？不會覺得對著一張椅子講話很愚蠢嗎？會不會無法想像重要他人坐在那張空椅上？空椅法會不會不適用於我們這種保守、不習慣「表演」的民族身上。

我的經驗是，只要讓當事人有充分的心理準備，很容易帶領當事人順利進行空椅法。首先，我在諮商契約上會註明諮商過程中會用到這個技術，並做簡要的書面說明。有些當事人看到這部分會有疑問，諮商師可以依當事人的不同背景，給予更清楚的解釋。這也是當事人在諮商倫理中擁有的「知後同意」權。

諮商室的情境佈置也很重要，完形取向的個別諮商室通常不會只有諮商師和當事人坐的兩張椅子，至少還會有另外兩、三張方便移動的椅子，及數個不同顏色的抱枕。

在諮商過程中，當事人談及生命中某位重要他人時，諮商師感到這個人對當事人相當有影響，說不定會需要用到空椅法。之後，只要當事人提到此人，諮商師即自然地指指某張空椅子，好像當事人提到的那個人坐在那張椅子上。有時，我也會直接問：「如果某人現在就坐在那兒，你猜，他聽你這麼說會如何反應……」這都是在準備讓此重要他人坐上那張空椅。有充分的醞釀期，彆扭或抗拒的情形就會減到最低。

真正要進行空椅法時，諮商師要誠懇的邀請，也讓當事人保有拒絕的空間。我通常會說：「我想讓你試試看，在這裡把剛剛對父親（指著平時諮商師假想父親所坐的那張椅子）的感覺直接告訴他，你覺得如何？」

然後諮商師拉出椅子，請當事人選擇一樣代表物，代表將坐在空椅上的人或東西（除了空椅，我會加上代表物，不但更為具體（象），而且需要和空椅上的對方有所接觸時，如要拍拍對方、感覺擁有對方、要抱抱他，甚至打他、捶他時，比較能真實地接觸與互動）。再讓當事人實際調整空椅與他的距離。讓當事人與對方保持感覺安全的距離，才能較順利地進行。

通常，如果是請當事人和他的重要他人對話，我會讓當事人自己先開始。請當事人坐定在自己的椅子上，並確認當事人是否能看見或感受對方在那裡。對第一次進行空椅法的當事人，我還會讓當事人描述他所看到的對方。一方面確定當事人確實和對方有所「接觸」，另一方面也使對方的存在鮮明化。（若當事人感覺不到對方坐在那裡，很可能是諮商師提出進行空椅法的時機不太對。也就是當事人還沒有真正和此人的關係議題「接觸」，或是這議題還未浮出成「形」。）

此外，諮商師要注意自己所在的位置。要避開與當事人直接面對的位置，不要讓當事人像是在對諮商師說話。畢竟諮商師是真實的人，比空椅上想像的人容易被注意。但諮商師所在的位置，又要能看清楚當事人的表情與肢體語言，以便掌握其狀態，並適時介入。這是因為協助當事人進行空椅法時，聲調、眼神、肢體動作等訊息，比當事人的口語內容來得重要。

二、了解和因應進行空椅法的困難

當事人確實會「抗拒」進行空椅法，但大多是因為面對情緒糾結的重要他人、厭惡的內在自己、可怕而無法接受的情緒，讓當事人很痛苦與難受。諮商師要積極同理且接納這些情形。

過去那些懸而未解的創痛關係，或現實生活中還劍拔弩張的關係，本就是當事人受苦的主要來源，要「直接與真實」地面對這樣的關係人，所引發的龐大情緒張力，使當事人想逃走是很自然的反應。有的當事人會怕得發抖，說不出話；有的完全無法看著對方，而不斷低頭哭泣；有的根本不敢想像對方坐在那張空椅上，這樣確實很難繼續進行。有的當事人只能和對方話家常，說不出關鍵的事件或感受，自然也無法進行。

諮商師在這種時刻，需根據當事人當下的狀態，判斷是否適合推當事人一把，還是要轉換其他較不具威脅性的方式，或先停下來照顧當事人當下的情緒。

若是可以推一把，我會在同理當事人面對此重要他人的痛和難後，直接鼓勵當事人再試試；或告訴當事人對方並非真的會聽到，也不像過去一樣會傷害他（這種說法當然要慎用，不然會減低空椅法的效用）；或請當事人深呼吸，感受一下自己現在擁有的能量，已不同於當時的年幼無助。例如，問當事人現在的年齡，然後告訴他那個害怕此重要他人的八歲當事人已經長大了；也可以請當事人描述一下他看到的對方模樣，幫助當事人較客觀地看待對方，減少因過去的某些事件而過度誇大對方的力量或能力。

如果當事人不想或害怕看到空椅上的人，諮商師可以告訴當事人：「告訴他，你不想看到他，也試著說說你不想看到的是什麼？」即使當事人是對著諮商師說也無妨，諮商師此時可以同理當事人當下的情緒反應，如「我不想看到你那嚴厲的眼神」、「我不要看到你對我永遠不滿意的表情」、「我一看到你老是愁眉苦臉、畏畏縮縮的樣子就難過」。常常發現，這樣說出之後，當事人就會願意面對對方，說出自己其他相關的感受。

否則，也能幫助當事人開始和此人以及相關的未完成事件「接觸」。鼓勵當事人對空椅上的對象隨意說些話，若當事人不知道要說什麼，就請他先試著說：「我不知道要和你說什麼。」當事人一開口就有可能自然地說下去。同理，依情況告訴對方自己的害怕、無法面對對方、不想對對方說出自己的某些感受，都是不錯的因應。

有的當事人之所以無法面對，是源於對對方的矛盾情結，這常出現在當事人與父母的關係中。例如，某個當事人要表達對母親的生氣，因為母親總是過度地控制他，要他做母親心中那樣的人，不允許他做自己。但當他真的要表達生氣時，同時愛著母親也需要母親的愛那部分的他，就會很不安，好像一發洩心中的憤怒，就不能愛母親或母親就不會愛他了。

這時我會讓當事人分出這兩個矛盾的「我」：一個氣母親的當事人和一個深愛母親的當事人（可用不同的抱枕代表）。代表愛母親的抱枕可以放在母親的空椅旁或當事人旁，讓當事人利用此具象物，確定兩種相反的情緒是可以並存的，講話的只不過是一部分的自己。

若當事人較在意的是母親同時有兩部分：愛他的「好媽媽」，和操控、管制他的「壞媽媽」。我就把母親分成兩個，並讓當事人自行安排兩個母親的位置。如此當事人對母親抱怨時，知道只是對母親不好的部分說話，會比較安心，而好的母親仍是愛著他的。有時我會先讓當事人和好媽媽說說話，例如表達感謝和愛意，然後象徵性的請好媽媽離開，再對單純的「壞媽媽」表達憤怒和不滿。

這樣，當事人就不會因自己內在的矛盾情感或母親的兩個相反部分而困惑，更不會因對母親有負面情緒而產生罪惡感。處理對重要他人的負向情緒，經常會有強烈的罪惡感，甚至因此淹沒了自己真實的情緒和困境，無法動彈。

另外一種轉換方式，可以換成較不具威脅性時期的父親或母親來對話。例如當事人原先面對的是年輕氣盛、凶悍嚴厲的父親，換成現在已退休、會疼孫子的老父親。只是這樣的轉換，當事人所表達的會是不同的議題。

也可換成次重要的他人來對話，例如對父親的憤怒情緒，可以先找出目前生活中也讓他很憤怒的人，先對這個上司或老師表達憤怒。這是「投射」的概念，在此狀況下，對上司或老師的憤怒多少都投射了對父親的感覺。

當事人對進行空椅感到太痛苦時，就讓當事人先和諮商師述說對那重要他人的感受，不必真的面對。

空椅法進行的前提，必然是當事人已經和這樣的感覺接觸。曾經在督導中聽到一個錯誤的處理例子：當事人是個小五的女孩，父親因對女兒嚴重體罰且本身販毒被抓，當事人被迫安置在一個寄養家庭中。當事人年齡夠大，很不願寄人籬下，且認為父親被抓是自己造成的，而有強烈的罪惡感。雖然，當事人被父親虐待時很恨父親，現在卻總想著兩人相依為命時少有的快樂時光，非常思念父親。

諮商師一方面要協助當事人面對父親短期不能出獄的現實，另一方面想讓當事人發洩對父親毆打她的憤怒，而邀請她進行空椅法。即使當事人表示自己不會氣父親，但諮商師仍用兩個抱枕：一個代表好父親，一個代表會打她的壞父親，請當事人對壞父親表達負面情緒。

這樣的處理並非很適當，此時當事人在意識層面無法和壞父親「接觸」，而要正處在思念父親的當事人去想像負面的父親形象，其實是很殘忍的作法。並非要當事人活在美化、不真實的想像裡，卻也不能「超前」當事人的感受太多，要跟好當事人才是。

邀請當事人進行空椅的時機與方式，是否拿捏恰當，至為關鍵。至少，當事人的議題已經浮現成「形」，且當事人已經能與他的困境和困境背後更深層的情緒有了一些「接觸」。

三、明白使用空椅法的目的

完形諮商以覺察為主要目標。前面已闡述覺察是有層次之分，運用空椅法時也要配合當事人目前的狀況，考慮當下所做的空椅要達成哪一層級的目標。不同層級的作法和進入深度各有不同。

例如，當事人小時候因為母親懷了第三胎，並患有嚴重的妊娠併發症，父親無力同時照顧太太和兩個孩子，無奈地選擇將當時尚未上學的他送到鄉下外婆家，一住就是多年。一直以來，當事人總認為父親不喜歡他、不想要他，才會這麼做。當事人返家後，在生活習慣和讀書方式上有些適應困難，因此和父親衝突不斷，更強化當事人心中認為父親不愛他的想法。

在和父親大吵一架後，搬離家在外租屋的他來尋求諮商。我認為要先抒發他對父親憤怒不滿的情緒，再協助他體會內心深處父親是否愛他的疑惑，以及對父愛的渴望。當外層憤怒的情緒得到紓解，當事人才有機會觸碰到內在溫柔的情感和一般人視為軟弱的需求——渴望被父親關愛。當當事人能夠承認這樣的需要，才有機會摘下有色的眼鏡，看到父親表達愛的一些行為（如果當事人一直戴著「父親就是不愛我」的有色眼鏡，對父親對待自己的所作所為，看到的只會是父親不愛他的表現，或把所有行為扭曲為父親不愛他）。

對這位當事人，我主張在一開始使用空椅法時，必須以情緒經驗為主，亦即只面對空椅上的父親說出自己真正的感覺，不輕易讓當事人在過程中坐到父親的空椅上進行對話。直到當事人對自己有更深的覺察，才讓當事人坐到父親的空椅上，兩人對話。此時當事人心中對父親的感覺才會發生實質轉化。

這位當事人經過多次不同的空椅體驗後，他坐在父親的空椅上，為父親說出當時送走當事人的無奈和不捨。之後，當事人哭著說：「小時候覺得爸爸不顧我聲嘶力竭的哭求他，頭也不回地狠心走掉。現在我終於懂了，他不能回頭呀！他回頭看到我，就真的會捨不得！」當事人已經有新的體會，覺察到父親對他深深的愛。

假若當事人還處在認定父親不愛自己，就讓他坐到父親的位置上，很可能說出來的是父親對他的不滿、指責和批評，反而強化了當事人原有的感覺和想法，轉化自然不會發生。

所以，空椅法的目的會因當事人所處的狀態而不同，目的不同作法自然也不同。

進行空椅法不一定要很快地換位置對話，亦即在沒有把握時，不要讓當事人坐到對方的位置上。一般而言，要覺察到當事人對對方有正向感受才適合進入對方的角色。用空椅法經驗情緒時，當情緒充分表達後，可以讓當事人把對方過去給的過度、不理性的負向批評還給對方，相對地也把自己正向的特質告訴對方。

例如，一位男性當事人的父親經常責罵他不夠堅強、勇敢，不像男人，是個沒出息的傢伙。當事人發洩了他對父親的害怕與憤怒後，在諮商師的引導下，能夠平靜地對父親說：「爸，我知道你對我有很深的期待，也恨鐵不成鋼，可能以你的要求標準，我讓你失望了。但是我要跟你說，你對我的批評並不全然公平，那是你自己對男性的傳統認定。也許我不像你希望的那樣勇敢、有氣魄，但我卻是個勇於承擔責任，善於與人溝通，相當好相處的人。我相信我仍是個好男人，也會有我的未來。雖然我不能讓你滿意，但我還是很希望你也能試著看到我和你的不同，以及我獨特而不錯的部分。」

從這段話可以看出，當事人挫敗、被打擊的內心已有了轉變，能區分自己和父親的不同，更能肯定自己的獨特特質。諮商已經展現了不錯的成效，要繼續強化及落實到實際生活面，或進行和父親對話的空椅，實際改善父子關係，都適合繼續進行。

這種比較小心謹慎的空椅作法，是我根據多年的工作經驗，對重情且家庭關係較為緊密文化下的當事人所做的修正。和完形諮商創始人波爾斯等比較古典的完形治療師，並不太相同。他們通常會偏向直接進行對話，位置互換得相當頻繁和快速，似乎一句話說完就對調。我的修正當然會使諮商效能減慢，但當事人的接受度較高，進行得較順利，造成傷害的機率也較低。

我也曾自省，了解這樣的修正與我的個人特質，以及早年曾受個人中心諮商學派的訓練有關。但只要我感到當事人自我力量足夠，或他所面對的議題性質適合，我也會直接進行對話。

每位諮商師都可以依據自己的特質和當下情況來進行。

不論如何，在進行空椅的當下，諮商師最好不要預期會達到什麼特定目標，但也不要預期無法達到目標。只要專心地注意當事人在過程中的各種小變化，擴大、催化這些變化即可。

空椅法雖是完形諮商的經典甚至唯一的技術，也確實相當有威力，但那張空椅並非是張魔術椅，並非一坐上去就能說出感人肺腑的話，或有很大的轉變和領悟（很多人只看到別人進行空椅法時產生的效果，常跟我說那是張有魔法的椅子）。更不可能「畢其功於一役」，進行一次就有神奇的效果。大多數當事人第一次進行空椅時，情緒常出不來，或是還無法清楚地表達。諮商師要相信，之後有機會或有需要時，還是要再進行。

四、對換角色位置時的注意事項

從上面敘述可以看出，在空椅法中對換角色位置是很不容易掌握的步驟，時機抓錯，不但沒有效果，還容易讓當事人再度受傷。但這又是非常重要的一環，空椅法若要有效，當事人轉換至空椅體驗對方的角色以及兩方互動，皆是必要的。

像上面所舉的例子，若當事人還處在對重要他人充滿負面情緒的狀態，或當事人的內在仍深信對方是厭惡自己時，就不適宜換位置。一般而言，負面情緒獲得足夠的紓解，正面的感受就有機會浮現。

羅洛．梅曾在《愛與意志》一書中提到：

> 壓抑了攻擊性的同時，也壓抑了對伴侶的愛意。這個清楚的事實幾乎已經成為治療的成規。勒非柏醫師稱之為「負面涵納」（發洩內在負向的情緒）；為了使正面的情緒得以浮現，這是一個必要的過程。這過程不僅指出人類意識是以兩極並行的方式運作——亦即須待負面涵納，正面才得以顯現。（摘自May, 1969/2001, pp.208-209）

如果當事人原本就隱約體會到對方其實是關心自己的，只是有些問題阻礙了雙方的互動，或因一些困境讓當事人經驗不到對方的愛，就適宜很快地互換位置角色。

另外要注意當事人在換位後是否真的進入另一個位置上的角色。若感覺當事人無法進入對方的角色，可給予協助。我最常讓當事人以第一人稱稍微介紹空椅上的角色：「○○的媽媽，你要不要介紹一下自己……」或者特別問他的年紀、做什麼工作等角色定位問題，例如「你今年幾歲了」、「你在哪裡工作」。

有時，我會依據剛剛當事人所說的內容，對空椅上的他做同理和給予支持。例如「你身體不好又要照顧四個孩子，很辛苦呀」、「你對孩子期待很高，所以管教他們比較嚴格，他們又總是不聽你的話，讓你失望了」。若當事人仍不能進入對方的角色，就要請他回到自己原來的位置。角色一旦混淆，就很難有好效果。

諮商師在互換位置的過程中要密切注意當事人的表現，發現當事人沒有進入對換的角色，或中間角色忽然跑掉了，要立即協助處理。通常諮商師可以觀察到當事人在不同位置角色的自然變化。例如，當事人進行內在兩個「部分我」的空椅對話，當他坐在「慵懶散漫」的特質上，整個人就會變得輕鬆、隨意，而坐到「認真積極」的特質上，當事人會立即正襟危坐，說話也變得較為有力、快速。而說話時所使用的人稱和內容，當然是最清楚的訊息。

轉換位置的時機點，沒有太明確的原則，我認為要以當下狀況來判斷，經驗愈多愈能準確拿捏。對經驗較少的諮商師而言，沒把握時就保守些，換位置的頻率可以稍慢。

五、相關的運作原則

(一)評估並處理當事人在進行時離開當下

進行空椅法的過程中，如果當事人只對空椅上的人講了一兩句話就無言了，或者回到直接和諮商師說的狀態。原因之一可能是當事人對面空椅上的人已經從他心中跑掉了。這時候要和當事人核對：「你還可以看到他嗎？」以協助當事人感覺對方在這裡，或是確定當事人此時有沒有「連線」。或者是當事人已經跳脫此時此地。諮商師試著問當事人：「你說這句話的時候，感覺到什麼？」引導他再回到進行空椅的狀態。這樣問至少可以讓當事人和自己有所接觸。諮商師若對當事人的狀況有某種程度的了解，直接給當事人一些句子讓他試著說，也常有很好的效果。

進行中若當事人閉上眼睛，就要注意他可能已經不在當下，是在對過去想像中的對方說話。空椅法的目的是與對方直接接觸，若閉著眼睛，接觸就會停在中界中回憶，而非此時此地的狀態。這並不表示完全沒有作用，通常還是會有些深化情緒的作用。鼓勵當事人睜開眼睛說話以保持在此時此地，較能達成空椅法的目的。

㈡內在自我對話不宜發洩負向情緒

一般而言，與自己的內在對話時，目的大多是與內在和好，較不適合情緒發洩。如果當事人不接納過去的自己或內在某一特性的自己，對其有憤怒討厭的情緒，我覺得最多只能表達自己的感覺，不適宜直接指責和發洩，會有強化對自己厭惡的危險。

對話目的是先讓當事人跟另一個自己接觸，再慢慢增加對其的了解，特別是另一個自己存在的功能及對當事人自己的助益，即便那些幫助已是過去的事。開始時，當事人若不願意接觸不自我接納的部分，則處理當事人當下不願意接觸的情緒，並且提醒當事人「那個他」就存在他身上，要去體會「那個他」之所以發展出來的可能意義。引導當事人直接問對方，他在這裡做什麼？再利用適當的轉換位置讓當事人與那部分自我產生互動。（詳細的作法見第八章兩極工作）

㈢運用空椅方式幫助當事人關愛自己

憂鬱、恐慌的當事人，在目前生活以及過去的成長歷程中，常有對其影響深遠的創傷事件和經驗。但或許當事人目前有很大的現實生活壓力，且缺乏有力的情感支持，自我的功能又相當低落，並不適合立即處理這些創傷事件。需要先運用空椅法，試著幫助當事人找到照顧自己的能量。空椅法能協助當事人真實地經驗到自己的力量。

一種是幫助當事人找出生命歷程中，曾經給予當事人關懷和疼惜的人。例如，幼年時候的保母、已過世的阿公、小學時的某位導師、學校畢業後就沒再聯絡的某位好同學、某位好心的鄰居媽媽等。讓這個人坐到空椅上和當事人進行對話，最重要的是讓當事人轉換到對方的位置來關愛自己，再回來接收這樣的愛。

我曾經驗過上述的方式，當事人想到生活中關懷他的人是諮商師。諮商師可以直接、真誠地說出對當事人的心疼和關心，也可讓當事人坐到空椅上成為諮商師的角色對自己疼惜。不過諮商師不適合坐到空椅上和當事人對話。

另一種是利用當事人本身所擁有的照顧者角色，而諮商師了解他相當勝任這個角色的職責，例如當事人在現實生活中是位母親、大姊、老師、護士、社團負責人、同儕間的照顧者等。可以請當事人的現實生活角色坐到空椅上，回頭照顧自己。例如，當事人是人母，非常疼愛孩子，也很用心照顧。請她在空椅上成為母親的角色，看對方——這位當事人——是個孤單、覺得自己很糟，不值得別人關心的孩子，而對當事人說些話。

若當事人本身某部分是有力量的，可以直接請有力量的部分與憂鬱、挫敗的自己對話。不過，通常當事人的狀況並不太好，要自我疼惜會有些困難，先藉著「他人」來協助當事人回頭愛自己會比較容易。

當事人透過實地揣摩別人對自己的愛，能逐漸喚起對自己的照顧之心。而當事人尋找關愛自己的人，在現實生活中能實際聯絡到，甚至就在身邊，也能提醒當事人注意身邊的支持者，並善用這份關係。若諮商師發現有需要，可以討論當事人無法接受別人關懷的議題，而如何接受他人的關愛可能成為接下來的工作項目之一。

㈣運用空椅法時諮商師的「指導」性

在空椅法中，諮商師發揮適當的指導角色是必要且重要的。

其一，指導當事人「重述」某些話。

諮商師運用當事人在空椅對話中說出來的話，指導當事人做些改變後，再對空椅上的對方多說一次。諮商師可以修正話語內容成為更直接的表達；要求當事人提高聲量、要求重複說幾遍等。

通常，諮商師覺得當事人說的某句話很關鍵；或當事人的情緒很強烈卻說得很小聲、很沒力；或是說某句話時，有遲疑、停頓等不清楚的情緒訊息，或說的內容和其肢體語言不一致等狀況下運用。有效的重述可以讓當事人更能和自己真實的感受接觸，也更能真實的向對方表達內在埋藏的深層情緒。

其二，指導當事人更直接與深入的表達。

當事人表達過程上有困難，或對話停在表層時，諮商師可以適時適度地引導其表達得更直接、更深入。特別是當事人在對方的位置上時，諮商師要多些引導，指導性要高一些。例如提醒空椅上的人剛剛當事人所說的內容；同理他的處境：「身為一家之主的父親，全心全力地為這個家打拚，女兒卻覺得你都不了解她和關心她，一定會有些情緒，你要不要說說，聽到女兒這樣抱怨後的感覺。」協助空椅上的人說出內在難以言說的感受：「你說你給了很多建議，也想幫女兒做決定，讓她未來比較順遂，這些其實都是為女兒好。但女兒不願聽你的話，還怪你總是控制她，這對一位父親來說真的很……」

其三，指導當事人修正表達的內容。

當事人對對方說的話，都是平時已經說過或常說的話。可引導其改成平時不曾或不敢對對方說的話。或當事人只在論理、描述事實，而非表達自己的感受。指導當事人在對話中不要說「你怎樣……」而是說些自己的感受，特別是對對方或對兩人的關係的感覺。

當事人對重要他人對話時，提出不可能的要求，例如對父親說：「給我一個新的童年！」對母親說：「把爸爸還給我！」對有外遇的丈夫說：「告訴我，你沒有發生過這段婚外情！」等等。對這些不合理的要求和欺騙式的期待，諮商師要指導轉換成情緒的表達，例如「我很失望你們沒有給我一個快樂的童年！」「我想念爸爸，很氣你當時不能留住爸爸。」「我真希望你能告訴我那是一場夢，你沒有背叛過我和我們的婚姻約定。」或者，讓當事人具體地向對方說出童年有哪些不快樂的事件；表達當事人主觀經驗裡父親離家的情形，可能當事人認為是母親「造成」父親離家；說出知道丈夫背叛後的複雜情緒，以及對之後兩人關係的憂心。

其四，指導當事人轉換位置。

除了少數當事人在空椅工作時，會主動轉換位置，大部分的轉換位置確實是由諮商師引導，諮商師必須承擔這個責任。

至於進行空椅法時，諮商師的指導程度該多高，我認為沒有絕對的原則。指導性要依照諮商師的風格以及當事人的狀態而定。波爾斯等古典的完形取向諮商，諮商師的指導性很強，甚至是由諮商師直接說，當事人則照著講。

我個人的指導性較低，會先給些提醒和引導，例如：「你用了一些字句，但你並沒有直接表達你的感受。你要不要直接告訴他。」「請你把剛才說的話，改成以『我感覺到……』開頭，再說一次。」「先去體會你的感覺，再把體會說出來。」「不要解釋你為何會有這種感受，把感覺告訴他就好。」大多數只有當事人真的不知道要說什麼，我才會適時地直接給些句子，但仍基於我對當事人已有足夠的了解。不過，若有必要，我也會在進行空椅時，給予較多直接指導。

㈤不宜貿然進行空椅法的情況

邀請當事人進行空椅，若當事人情緒反應太強烈或太害怕，無法和害怕的情緒直接對話，只有先用討論的方式處理當事人害怕的部分。當事人因情緒過多無法真正面對空椅上的人時，諮商師必須先處理此情緒，同理當事人或回到和諮商師互動。這時，可能連以空椅發洩情緒都不適宜，千萬不要冒險進行空椅對話，否則可能引發當事人過強的情緒，連諮商師也無力收拾，亦使當事人連帶地逃避諮商。

另外，有幻覺或幻想過多的個案，不適合使用空椅法。而個案的自我強度太弱，也不宜太快進行空椅法，可先處理自我力量強度的增強，例如利用身體的活動，使其感覺自己是有力量的；或是在生活中找一些能得到能量的事情。例如利用冥想、呼吸、有興趣的才藝活動，讓當

事人感覺自己的能量。（參考第九章增能的方法）

㈥當事人拒絕進行空椅法，諮商師可於時機適當時再度邀請

當事人拒絕進行空椅法的理由很多，但大多數並非真的抗拒，而是一種要面對情緒最糾結、感情最矛盾的關鍵人物的逃避心理，諮商師要耐心帶領當事人慢慢接觸，不該太快放棄，可以多停留在害怕或衝突的感覺上。

即使當下無法進行空椅法，過些時間還是可以再提出來。經過幾次諮商後，當事人更信任諮商師、更覺察到自己的力量、也更了解自己必須面對的關鍵議題，空椅法就能派上用場。

若諮商師和當事人一起停留在想像的擔憂中，當事人的那層與真實自己的接觸以及清明覺察的障礙，將繼續加厚！

對失落的議題，當事人有時會拒絕運用空椅法和失去的人告別，那常是因為他們有些相當矛盾和不合理的想法。他們會覺得若和對方告別，就會真的失去他，好像不告別可以留住對方；或是想要忘記他，怕再次「面對」又引起揮之不去的思念之苦；或是很怕告別就表示要忘記他、不能再想念他，之前的深刻情感與美好回憶都將煙消雲散，這樣就表示自己未曾擁有過，更是情何以堪；或是這些想法感受交錯出現讓當事人備受折磨。我會先同理當事人的擔憂，再說明他們的想法並非為真。

有歉疚感或罪惡感的當事人也會拒絕使用空椅法，他們無法直接向對方表達歉意。有些諮商師會相當困惑，他們可以感受到當事人確實有著很深的歉疚，何以不敢直接表白？我認為

他們內心的感受是：直接表達歉意就承認自己錯了，而認錯之所以那麼困難，並非他們不願認錯，而是他們無法原諒自己，也認定對方一定不會放過他！他如何去面對必然不會原諒他的人？所以我會先利用空椅法處理當事人對自己的「寬恕」。

空椅法進行一個段落後，諮商師和當事人需要進行討論，把剛才當事人在空椅法中的「頓悟」，落實到生活上進行真正調整。但要特別注意，不要一下子就進入理性認知的討論，要先關注當事人當下的感受。當事人若還無法用語言表達自己的情緒和領悟，諮商師要多給當事人一些時間，並把在空椅對話過程所觀察到的重點如實反映給當事人。一方面與當事人核對諮商師的觀察；另一方面提供當事人能「口語化」自己的體會和感受的資訊。當事人能口語化，才表示其內在真正有所領悟，也才能有機會轉化成現實生活中的改變。討論過程中，諮商師要隨時以同理接住當事人在討論中又引起的情緒。

進行空椅法時，諮商師要有相當大的彈性、靈活度和創意，隨時以當事人當下的狀況及時因應。保持在此時此地，是空椅法的最高指導原則。

第七章 完形諮商夢工作

我的左小腿肚懷了一個孩子
他從哪裡來的？
他是精子與卵子的結合嗎？
他會有我的基因嗎？

我仍然細心呵護與餵養
我依舊耐心等待他的長成
他會從我腿的哪裡出生？
他會生成什麼模樣？

左小腿肚懷了孩子是什麼樣的神祕天啟？

改寫自中瑋二〇〇三・五　夢記錄

我從小就愛作夢。

記得小學階段常夢見鬼，有一次在夢中，好幾個只有頭的女鬼飄來飄去，恐怖極了，嚇得我滿身冷汗而驚醒。還因此用零用錢賄賂小妹，交換睡在外婆旁邊的權利，以減少惡夢醒來只有獨自一人的恐懼。

念專科時住校，大概生活規律，睡覺時間長，夢變得既曲折又詭異，而且色彩鮮明，醒來忍不住會講給室友們聽，她們總是聽得興味盎然，以致演變成她們一早起床就會先問我：「你又作了什麼夢？」

隨著年齡增長，我的夢似乎也變得較「現實」，不再那麼像神話或科幻故事。但因自己走上諮商輔導的領域，對夢的好奇與關注卻與日俱增。大家都知道精神分析大師佛洛伊德的名著《夢的解析》，對夢有獨到的分析。不同學派的心理治療，或多或少對夢也有所著墨。我開始記下每天的夢境，並試著分析它們。

接受完形諮商師訓練時，我學習用完形諮商的方式處理自己的夢，頗能增加自我覺察與整合，對自己的成長有許多領悟和收穫。在諮商工作中嘗試用夢來幫助當事人，也有不錯效果。

很感恩自己從小擁有日日記得夢的「異稟」，似乎多了一種探索自我和助人的豐富資源，也讓我的助人工作多增加一個與當事人內心連結的管道。

完形夢工作的基本概念

基本上完形諮商和其他學派都相信，人的意識層面會壓抑一些我們不想去面對的訊息，當我們入睡，壓抑的機制放鬆，那些訊息於是再度浮現於夢中。但這些我們害怕、不想觸碰的東西，即使在夢中出現，也足以讓我們驚醒，所以仍需加以偽裝。它們經常以象徵的方式表達，或以逆轉（相反）或濃縮的方式呈現。諮商工作就是要解讀這些隱藏在夢中的意義。

但是，完形諮商的夢工作和古典精神分析夢的解析有很大差異。完形諮商師不去解釋或分析當事人的夢境內容，而是透過各種方式重新讓當事人「經驗」其夢境，期能引出當事人內在的未完成事件、兩極衝突、無法或不願察覺的情緒，和存在已久的焦慮不安等議題，再對這些議題進行工作。

夢具有神祕色彩，讓人不禁好奇它是否在啟示人們些什麼，或預言人們未來的命運。它又常以象徵性、混亂的方式表達，讓人很難參透其真正意涵。所以，很多人都希望透過「解夢」對自己的人生有更多了解，或對未來有所預測及掌握。

完形諮商的夢工作能否達成這樣的目標？我有一個矛盾的答案：能，也不能。「不能」，是因為完形諮商師在處理夢時，並不是透過一套解釋系統來幫人解開夢所隱含的意義。而「能」，則是完形諮商能運用夢的內容當作媒材，讓當事人在諮商師的引導下重新親身經驗所作的夢。在此過程，最困擾當事人的問題可能會浮現成為焦點「形」。接著再透過一些完形諮商的「實驗」活動，當事人有機會得到新的領悟，或看到問題處理的方向，或提高面對問題、解決問題的能量和能力。至於從夢工作所得的領悟是否真為此夢所要表達的，就無從得知，也不是完形諮商師所關心的。

完形治療學派創始人波爾斯對夢的觀點：

「夢是作夢者本身自發性的表達，夢中的每一個部分都代表了個性中受到投射以及否認的不同面向。」（Clarkson & Mackewn, 1993/1999, p.195）

前面談過，處理投射最好的方式就是在此時此地去「成為」投射的對象，以便能實際接觸並經驗自己丟棄或否認的需求、情緒和特質，進而整合自己。所以，完形夢工作經常會去體驗「成為」夢中的各種東西。

同樣地，完形諮商夢工作也秉持完形諮商的核心信念——只有當事人在此時此地親身經歷過的經驗，才能進入其內在，造成真正的改變。然而夢總是呈現不合邏輯且光怪陸離的內容、混亂交錯的時間，以及快速切換的離奇場景，更常帶有強烈而莫名的情緒張力，工作的挑戰性相當高。諮商師進行完形夢工作要非常敏銳，並充分發揮直覺和高度創意，依據當事人夢的特色，找到最適宜的方式。

正因為夢的材料很不具理性、曲折多變，反而易使當事人放下中界的認知思考——夢的內容不具備可條理推論的邏輯性——更集中於當下的感受和覺察。

我開始用完形諮商的方式處理夢時，還算有章法，參照著我認為重要的步驟；但很快地就發現不是每次都行得通。夢太沒有邏輯性，當事人能記得的部分也很片段，夢境更是千奇百怪。我必須放下既定的步驟，在當下專注地與當事人和他的夢接觸，並把我體會到當事人較關注和有觸動的部分帶到此時此地。用哪種方式介入完全視當時的狀況而定。有了這樣的體會，我在處理夢時就更為靈活、更有效果。

要用文字介紹完形夢工作充滿創意和變化的過程，是一項很大的挑戰。

完形夢工作的步驟

我在處理夢時雖已沒有固定的程序和方式，但是為了讓讀者能有完整的概念，還是先介紹我早期所參照的工作步驟，之後再以一些運用不同介入方式處理的實際例子，呈現變化多端的夢工作。

一、以正在作夢的方式陳述夢

完形諮商以此時此地為其核心精神。諮商過程中，諮商師隨時要和當事人保持當下的接觸，並幫助當事人和自己在一起。所以夢工作的第一步是請當事人以身歷其境的方式述說所要探討的夢，諮商師要注意他確實「彷彿」在夢中。

在此步驟中，諮商師要非常專注聆聽當事人說夢，並觀察當事人說夢時的肢體、眼神、語氣等變化。我習慣立即在腦中把夢的內容加以圖像化，並關注夢的過程。同時，諮商師要覺察自己對此夢的感覺，若能感同身受的聽夢，對此夢和聽此夢時的體會，常對當事人助益很大。

當事人說完夢後，我會問：「在這裡再次述說這個夢，你有什麼感覺？有什麼新的體會和發現？和夢醒當時的感覺相同嗎？」因為在重述夢後，經常可能就會有新的領會。

二、運用現有的空間把夢境佈置起來

為使心理能量轉到當下世界及具體事物上，請當事人實際利用現場材料，親自把夢中的場景佈置出來。

從我個人的經驗發現這是一個很重要且深具意義的步驟。當事人在佈景過程中，就可能在心理上產生具療效的運作。有了具體的夢中景象，當事人可從不同角度觀看自己的夢，視覺意象能輕易引發新的眼光和深刻的情緒經驗。

在團體夢工作中，佈景之後，我會請所有願意的成員試著到他最喜歡的角度看景，分享每個人對此景的「投射」。當事人能因其他成員對此景的感受，獲得不同的參考觀點，不但能使當事人和團體成員相互連結，各個成員也有機會觸動自己相似的議題，甚至在心中經歷間接的諮商功能。

在當事人的佈景過程中，諮商師要注意當事人選擇的材料，包括大小、顏色、擺設位置與關係，以及當事人佈景的先後次序、特別著墨、帶有最多情緒或較忽略的地方，從中找出有意義的工作線索。

對較複雜或較長的夢，諮商師可分為三段：序曲、主體和結尾，以便於思考和工作。一般而言，原則上先佈置序曲的景，若時間不多，只能做其中一個景，通常我會請當事人自行選擇。少數時候，當我對當事人的某個景產生很深的觸動，也會主動邀請當事人佈那個景。

有時，做好佈景就可以直接工作，讓當事人去改變這個景；或進入景進行體驗；或因佈景聯想到未完成的議題而加以處理。

舉一個很精彩神奇的改景為例。

某位當事人做了一個很殘酷的夢：「我看到一群像軍警的人員正在強制拖離一個人，因拉扯得太過激烈，這個人硬生生被腰斬似的身體斷裂為二，只剩下腰帶連著兩段身軀，我感覺此人是被冤枉的，但我不知為什麼像被釘住般不能動彈，只能看得心痛又憤怒。」

當事人用不同質感和顏色的布，佈置了這個景。她對自己佈的景愈看愈不舒服。我鼓勵她以當下對此景的感覺改景，不必侷限夢的內容。當事人花了很長時間觀看（**我相信她看著此景時，心中某個關注的議題正逐漸浮出成「形」**），然後，把那些布拼湊成一個帶著皇冠、披著紗巾的女人。她告訴我，那是她期待的自己。我們因此做了一小段關於自我認同的課題。

另一個例子可以看到進入景進行體驗的情形。

當事人夢見：「我搭乘一座正在行進的電梯，但是電梯門卻不斷開開關關，電梯內的燈也一閃一閃的，感覺有鬼在作怪。我非常害怕，但電梯一直升降不停，我也無法逃出電梯。整座大樓似乎空無一人，也沒得求救……」

當事人用很多和室椅交錯架疊成電梯，再用黑布覆蓋。成員們看了這景，都感受到可怕詭譎的氣氛。看到當事人的眼神，我問她想不想進去重新經歷夢境的這一幕？當事人同意。她請成員幫忙將「電梯」拉開一個空隙讓她進入，再將周邊恢復密合。

當事人覺得坐在裡面很有壓迫感，我請她試著對給她壓迫感的電梯說些話。她先低聲地說：「你為什麼要嚇我？讓我出去好不好？」我請她大聲一點。她環顧四周圍著的黑布，浮現憤怒的表情，她開始揮動雙手，生氣地大叫：「你幹嘛控制我，憑什麼把我困在這裡！你無權掌控我，我一定要掙脫！」當事人激動地看著我說：「我想毀掉這個電梯，可以嗎？」我點頭鼓勵她：「可以用你的怒氣把它毀了！」我拿一些抱枕放進去，要她小心不要傷到自己。

當事人先是坐著推倒立著的和室椅，接著站起來用腳踢，再把黑布和剩餘的一、兩張椅子和抱枕用力甩出去。

當事人後來告訴大家，她感到被壓迫時，想到生活中的某個人對待她的方式。覺察到這部分，剛開始時還是害怕，但大叫後，不知不覺升起很大的憤怒和力量，她要抗爭，至少不要再受到對方的威脅。又踢又摔很過癮，覺得自己很有力量，能抵抗他人的侵犯。

我最後問她，回到真實生活時，她知道如何做嗎？她堅定地點點頭說：「我知道，我當然不會用暴力，但是我已經有力量，不會再傻傻地受他控制，我會保護自己的。」

不過，這個案例有個小小的缺憾，當事人最後對還丟得不夠遠的和室椅，又狠狠地補上一腳，卻剛好踢到椅子的鋁製骨架，很是疼痛。還好當事人受傷不重，但仍消損了一些能量。這再次提醒我，在完形工作中細心地保護好當事人的重要。

再者是佈景後直接進入處理未完成事件的例子。

有位當事人夢到：「接到好友車禍受傷送醫的電話，我趕到醫院。但急診室裡只是一張張白色的病床，就是找不到那位生命垂危的朋友……」

當事人擺出醫院的場景，在床上鋪上白布當床單。當事人在鋪上白布時，竟紅了眼眶。我詢問當事人發生了什麼事，才知道這個場景觸動當事人積壓已久的分離經驗，他想起父親過世時在醫院的景象。接下來就處理了這個失落事件。

佈景的材料沒有限制，可以利用現場既有的各種東西，包括人。只要其他團體成員願意，也可當作道具。諮商師不必擔心在諮商室或團輔室裡不容易佈置某些景，其實每位當事人都有無限的創意。像上述電梯的景，當事人就是利用交錯重疊的和室椅變成立體的電梯。此外，我發現大塊不同質料、色彩的布是最好的素材。

在個別諮商處理夢時，我則較少進行佈景的步驟。

三、成為夢中任何一樣東西：物品、物質（天氣、氣氛）、色彩、動物等

請當事人「成為」夢中的一樣東西。盡可能用肢體表現出其外型與狀態，並以第一人稱介紹這樣東西。

當事人介紹所成為的東西時，諮商師可以問一些問題，例如請他介紹自己的模樣和質地、說說功能和特色（如果當事人「成為」的東西很尋常，常不知如何介紹。我會請當事人假設諮商師是來自另一個星球的人，完全不認識這種東西來試著介紹）；你正在這裡做什麼，你現在感覺如何，你在這景裡看到什麼、經驗到什麼等，引導當事人更進入此角色，產生新的經驗和體會。

至於要扮演夢中的哪一樣東西，可讓當事人自己選擇。諮商師可以提供當事人選擇的依據，例如「夢中哪樣東西對你最有意義」、「哪項東西最特別」、「什麼東西在夢中顯得最不搭調或最突兀」，或「夢裡你最有興趣的東西是什麼」等。

如果先進行佈景，從整個景中去選擇也很有意思。有時佈景會出現說夢時沒有提到的東西。一個在海邊發生海嘯的夢，當事人在擺景時，竟以立燈代表一棵樹，他根本不記得夢中有棵樹，於是成為這棵樹會是最好的選擇。

有的佈景所選用的代表物，其大小、質地差別很大。當事人用一些小裝飾物當作花草樹木，代表鄉村小徑的景致，但卻想請某成員來代表轉角的一棵樹。這樣特別的東西，當然是選擇「成為」的最佳對象。

在當事人說夢或佈景的過程中，諮商師若對某樣東西印象深刻，也可以主動推薦當事人去經驗。

在此步驟不限於選擇一樣東西，可嘗試讓當事人分別成為夢中的各種東西。不一定是具體的物件，抽象的氣氛、情緒、怪物、鬼等，都有其價值。對第一次進行此步驟的當事人來說，不太容易成為一種抽象的東西。而一般人比較恐懼的，如鬼怪、惡魔、可怕的動物等，要謹慎邀請，不要勉強。在我的經驗裡，這些讓人害怕的東西特別重要，很可能代表人們內在的黑暗力量，很值得探索。

我的一場惡夢在一次完形治療工作坊裡被處理：夢中我看到一本生死簿，上面註記著先生的陽壽只剩一年。帶領工作坊的外國治療師聽完我的夢，要我成為那本「生死簿」。我懷疑這外國人真的知道什麼是生死簿嗎？但當我進入，真的成為生死簿，卻清楚地感覺自己的身體是一本粉紅色的漂亮筆記本。這次工作變成處理我的自我概念，包括「我是否喜歡自己」、「如果我是一本筆記本，要怎麼創造它、充實它」。

有一次當事人成為夢裡的行李箱：被塞滿東西，幾乎無法拉上拉鍊，正要被主人帶出國。當事人身體的感受性很強，被拉著走時，真的感到自己的頭髮被拉痛了；身體塞滿東西，也感覺很不舒服。這些經驗讓當事人體會到自己平日常因不懂拒絕，自願承擔很多事情，別人反而給予他更多責任，使得自己的生活被太多別人的事擠爆。當事人很痛恨別人說自己「人很好」，那表示接下來又要請他幫忙。成為行李箱的經驗，使他理解到必須開始注意自我界限的議題，學習如何拒絕別人。

一般而言，我在這成為夢中東西的階段不會讓當事人選擇「成為」夢中人物。因為熟知的人被引入夢中，可能是當事人把某部分自己投射到此人的一項特質上。但在真實生活中，當事人和此人的互動及對此人的看法，要複雜得多。成為此人，常會把這個人真實生活的各部分也混進來，反而失去了把當事人投射出去的部分找回的原意。除非當事人不認識或看不清楚夢中出現的人，但覺得這人物在夢境裡是關鍵角色。

例如，我成為夢境中的母親時，當下容易反映出實際生活我主觀認定的母親。如果夢中母親只是象徵我內在「照顧者」的部分，這部分的自我不見得會在夢工作中成為母親時表現出來，我無法利用此機會去面對投射出去的「照顧者」特質。從另一個角度來說，我們常會奇怪為何平日不熟或已失聯很久的朋友，在夢裡卻成了很重要的互動角色？從投射觀點來看，讓某個人物入夢，很可能意味著你想透過此人的某些特質來表達部分的自己。為了避免過度聚焦在現實中對夢中人物的了解，以及真實的關係上，我通常不建議當事人成為夢中的人物。

如果夢境呈現的正是當事人和夢中某人在日常生活中的糾結關係，或持續困擾的衝突互動，我會直接處理當事人和此人的關係議題。

運用肢體來展現所成為的東西相當重要。肢體的姿勢和動作提供了豐富的訊息，例如，肢體伸展或直立，成為一棵大樹，可以體會到自己內在的力量和穩定性；成為運轉的電風扇，雙手不停擺動的疲累，可以體會到無謂忙碌帶給自己的辛苦與疲倦。

用肢體展現夢中的某樣東西，有時會遇到困難，需要創意的轉換。例如某位當事人的夢中，最讓他印象深刻的是位於一間廁所前的倒掛人形銅製水龍頭，高度如同真人。他很想成為那個倒掛的人形，但實在有點難度。我突發奇想要團體成員一起集思廣益，說說人在什麼時候需要倒掛？大家七嘴八舌說了不少情況。有一位成員說到「要從不同角度看事情」，當事人立刻點頭稱是，然後開始嘗試以各種可以做到的姿勢來看周遭環境。這一小段經驗讓當事人有了很好的體會。

四、特別注意兩極化的現象，或不在（該存在而不存在）的部分

兩極化是人內在突顯的兩個對立特質，經常彼此拉扯（詳見第八章）。這種內在的兩極衝突很容易在夢境裡出現。

例如，當事人夢見站在一塊大石頭上，四周是將要淹上來的海水。我請她分別成為石頭和海水後，當事人經驗到自己的兩極部分，一是擇善固執的堅定特質，另一個是好好先生的包容特質，彼此拉扯得很辛苦，我很快就能協助她處理內在衝突的兩極議題。

夢境本就不合理，沒有方向盤的車子、缺了一腳的桌子、遇上恐怖事件卻沒有害怕情緒，在夢裡都可能出現。對作夢者來說，這些該有而沒有的東西可能具有特別意義。夢工作時，可以刻意讓不存在的東西「存在」，或成為該存在而不存在的部分，會有出其不意的效果。

某位成員在工作坊中說了一個沒有場景的夢，只有一個人對她說了一句重要的話。我請她

猜想那樣簡單的對話會發生在什麼地方？她想了想，竟覺得好像是在雲端的天堂。我請她佈置出天堂的場景，她把白色墊子當作白雲鋪在地上，當她站在那場景中，感受到的是和已過世父親很深的情感連結。我們就在此議題上工作。

一位成員夢見她正在一片寬闊的草原上受到機關槍掃射，那裡幾乎沒有任何屏障。她雖然很害怕，緊張得東躲西閃，但說也奇怪，子彈就是打不到她。我問：「你是怎麼做到不被子彈打到的？」她想了想：「我覺得有一塊很大的鋼板擋在我前面。」於是我讓她成為在夢裡「不存在」的鋼板。過程中，她閉上眼試著體會，不但清楚描繪出那塊鋼板及功能，還感受到自己遺忘已久的力量，和被忽略的能力與特質。

五、和現實生活連結

從當事人在上述各步驟的體驗中，發現和最近發生的事件或現實生活的困境有何關聯。

一位當事人夢見：「早上我一如往常進辦公室，卻看到一片狼籍，像被搶劫過的樣子。我的金魚缸被打破，金魚的屍體散落一地……」

當事人選擇成為夢中的金魚缸，引發了強烈的無助感，不能保護住在裡面的魚兒。有人要傷害這些魚，自己卻無能為力，自己破了，金魚也都死了。當我問他最近的生活是否也出現過這種無助感？當事人難過得哭起來。於是我轉而處理他生活上的事件，那確實是一件與此感受相似的經歷。

我做過一個捷運衝出軌道的夢。夢中我坐在任教學校門口的小花壇上，親眼目睹靠近學校的捷運大彎道上，一輛列車俯衝而下，就摔落在我的腳前，大災難開始了！車廂裡哀嚎不斷，我也跟著衝進捷運裡救人……。

我的諮商師先讓我成為校門前的小花壇，我深深感覺到自己的渺小和任人坐踏的卑微。在諮商師引導下，我聯想到最近工作上一次不愉快的經驗。

後來，我成為那輛捷運。夢中捷運的模樣和現在的高鐵很像，流線型、尖尖的、白色的，覺得那輛流線型列車才是自己期待的身體，也發現那時還真不滿意自己臃腫的身材。接下來演出列車出軌，老師將軟墊堆疊得很高，下面也有厚得足以保護我的抱枕和椅墊。我勇敢地衝下來，剎那間，出現了另一種感覺，那種渴望非常強烈，我感覺很想離開正軌，去做自己想做的事。那種感覺竟讓我觸碰到自己生涯轉變的課題，那是對自由或安定的選擇。我自小順著主流教育發展，一路上選擇「安定」的師範體系，壓制了內在嚮往自由、隨性的性情，於是生活上總是覺得被綑綁。處理之後，我真的在生活中做了重大決定，找到自己人生後半場的重心。

有的當事人在佈景後，很快與目前的生活議題連結，甚至可以利用所佈的景來處理。例如，一位當事人夢見：「我到一間文具店買東西，原本悠閒地到處挑選各種文具，看到一枝很特別的筆，不但造型別緻，廣告單上還說那是一枝神奇的筆，可以讓人文思泉湧。我立刻就想買下來，不管高得嚇人的價錢，但老闆卻告訴我，只剩下一枝，不賣了！我很生氣，竟有了把它偷走的念頭，正要把筆偷偷放進背包時，發現這間文具店到處都是監視器，我非常緊張，趕緊把筆放回原處，但還是很擔心剛才的動作可能已經被拍下來了……」

當事人佈了文具店的景，他用很多粉蠟筆代表監視器，放在代表文具店的那塊布上，密密麻麻的。當他看著佈好的景，轉頭告訴我他明白這些粉蠟筆代表他內在的監控系統，它們充斥在他腦中，壓得他喘不過氣來。

我問他：「怎麼辦？你想做些什麼？」

他說：「我要把它們全都拿掉！」

我要求他慢慢地一個一個拿掉，仔細經驗取走監視器的歷程。

他開始時動作較快，再慢慢地緩下來，有時還會停頓一下，再決定彎腰取走。當布上只剩下三枝粉蠟筆時，他停下來看了一會兒，還走出文具店再看。

他轉頭告訴我：「我想還是要留下一些監視器，我決定留下三個。」我請他把這三個監視器重新安置在適當的位置。他想了想，調了幾次位置。然後他抬起頭肯定地告訴我：「可以了，就這樣！」他臉部的肌肉放鬆了，眼睛變得炯炯有神。

當事人在整個過程都不多話，但從他的表情和眼神，我相信他已經對自己的生命有了不同理解，也找到新的生活方式。

六、重述夢境

重述夢不只是再說一遍而已，還可以改變夢中的任何內容，人物角色可以調整，故事過程可以調動，最重要的是結局也可以更改。經過前面的各種過程，當事人有了一些不同的經驗和感受，可以利用重述夢來強化內在的新體驗，說出來的新夢也就是一個新的夢想，更是給自己的一份承諾，使人們更容易在實際生活中發生真實的改變。

我不常用這個步驟。因為在夢工作之後，當事人通常已接納夢境給予的啟示，原先結局不好或可怕的夢也都重新賦予意義，當事人的領悟甚至無關乎原來的夢了。不過，對一些沒有機會深入經驗夢的人，重述夢不失為一個好方式。

完形夢工作實例

下面呈現十個夢工作，各有不同的處理重點，讓讀者能更了解完形諮商夢工作的歷程。其中同時運用不少完形諮商的「技術」，便於讀者對完形諮商的實際運作有更多了解。

每個夢工作的時間約一小時左右。

一、穿越障礙抵達目的地

當事人的夢很長，類似三段式電影，我請他挑出最想探索的一段進行工作。

夢的內容：「我開車載一位長者（在真實生活中我並不認識此人），我似乎知道我們要開往一個很重要的地方，是在一條水流湍急的河流對岸，所以一定要經過一座長橋。一路上，那位長者常給我一些駕駛上的引導，好像我是剛上路的駕駛新手。車子開到一個轉彎處，突然遇到一群放學的學生騎著腳踏車湧出校門，我要和這些趕著回家的大孩子們爭道，我心裡很焦急，好像接下來都是一些崎嶇的山路，時間有點急迫，我很擔心不能順利過橋，準時抵達目的地。」

我請當事人以現場可用的東西為這個夢佈景。當事人用很多椅墊、抱枕和一個大娃娃擺出場景。用椅墊鋪成路面，那是條很曲折蜿蜒的路。車子以四個椅墊組成，車上的一個抱枕是他，大娃娃是那位長者。另外用抱枕代表腳踏車，凌亂地擺放在路上。

我邀請團體成員和當事人共同從各個角度觀看此景，並說出感覺。有位成員說：「這景給人的感覺像有很多分岔的路，要通過的人必須不斷地做出選擇和決定。」當事人對此說法很有共鳴，更覺得自己所佈的景很紛亂，他說：「我現在的生活好像就是因為要做太多選擇而感到紛亂。」

我邀請當事人試著調整一下眼前紛亂的景象。

他把代表腳踏車的凌亂抱枕堆成一堆，並把自己開的車移到那座大橋前方，好像車子馬上就可以過橋到達目的地。

我請當事人親自坐上駕駛座，看看這座橋和對岸的目的地。

他看了一會兒說：「對岸似乎代表我現實生活中的生涯目標，若真能通過剛才的混亂到達對岸，就很容易達成理想。」

我請當事人成為那座大橋。他以肢體展現成橋，親自體驗，感到自己（大橋）是未來職業所需要的專業認證，也希望能有一位好的指引者，就如夢中的長者給予指引和肯定。（當事人把夢和現實生活做連結）

（當事人似乎很快就明白這個夢所象徵的意義。我決定可以進一步回頭處理他在路上遇到的阻礙——那些擋路的腳踏車，以及找出生活中可以成為引導當事人方向的力量。當然，此助力不一定是來自一位長者。）

我請當事人看看那些被他堆成一堆的抱枕，想像若這些是他要完成未來生涯目標的阻礙，會是些什麼？

當事人一一說出幾個抱枕所代表的各項阻礙，並邊說邊把這些抱枕一個個丟開，卻正巧丟在所搭造的車後面。

我反映出這個現象。當事人若有所思的看著，然後帶著複雜的感覺說：「其實，這些本來就丟不掉呀！」

我表示同意，接著再問：「那你現在該怎麼辦呢？」

他看了看，動手把抱枕按照次序排好，放在車子後座，然後說：「我會帶著它們，並依照先後次序一一克服或過關。」

我再度確認他知道在實際生活中要如何進行。他點頭表示知道。最後我提醒他：「生活中有哪些助力可以協助你達成生涯目標？例如夢中的長者，或你說的指引者。」

當事人說他已想到可以請教哪些人，不過之前一直不好意思問他們，需要勇氣來克服。他肯定地說：「會的，我會找時間去請教他們，其實他們一直很關照我。另外，我之前就想組織一個同儕小組，一起切磋專業能力，回去之後我會積極開始聯繫，我相信這也會是很棒的助力。」

當事人很滿足於這樣的工作過程。我做了最後的歸納，結束工作。

（上述的夢工作步驟，算是一個比較完整的完形夢工作案例。有兩個比較特別的地方，一是當事人成為夢中那座大橋時，自行連結到生活上的議題。二是諮商師以佈景中象徵的困境，直接進行問題解決的處理。）

二、打包黑蜘蛛的艱難任務

當事人的夢：「我在某堂課上要完成一份很特別且困難的作業——用報紙把一隻黑色大蜘蛛包起來處理掉，我不知道這是誰給我的任務，但我好像一定要圓滿達成。過程中，我的雙手不斷被黑蜘蛛腳上的刺扎得滿手都是，很痛。但我一直要求自己堅持下去，拚命地嘗試。」

（我覺得這個夢是一個連續且完整的過程，所以沒有請當事人佈景，而直接邀請當事人在團體中重演這段夢境。）

當事人選擇一個空鋁罐當蜘蛛，因他覺得壓鋁罐的聲音和夢中壓蜘蛛的感覺很像。當事人開始進入夢境，奮力用報紙緊緊包住蜘蛛。

當事人真的很用力，發出嘎嘎聲響，我仔細注意他會不會弄傷手。這時我看到當事人的表情變了，似乎有情緒浮上來。

我問：「發生了什麼嗎？」

當事人哽咽地說：「我感覺到我是在壓抑一段傷痛的經歷，是要把那件事打包丟掉。那段記憶像黑蜘蛛般不斷傷害我，我卻控制不住、包不住它……（當事人哭了一會兒）包不住就丟不掉呀！它的力道好強，不斷掙扎出來。」

我先同理當事人的痛，接著提醒他：「你選擇用報紙來包有刺的黑蜘蛛，是有效的方法嗎？」我給當事人一些時間思考這個問題，接著又說：「你要不要試著站起來，看看用什麼更好的方法來處理這隻黑蜘蛛。」（讓當事人站起來會帶給當事人一些能量，比較不會「陷入」無力的情緒中。）

當事人站起來，看了很久：「我也許不需要把它打包丟掉，可以把它移到角落。」當事人小心翼翼地把蜘蛛從報紙換到布上，再慢慢拉著布的兩角，似乎深怕黑蜘蛛的攻擊，然後把蜘蛛拉到團輔室的角落。

當事人一直遠遠地看著已放在角落的黑蜘蛛。過了一會兒，他轉頭對我說：「好奇怪！我好像看到那隻黑蜘蛛原本怨恨的眼神已轉為柔和了。」他停頓了一下，悠悠地說：「我其實不一定要把那段記憶打包丟掉，其中也有很美好的地方……，我可以把它放在心中一角，我想它不會再傷害我。」

我邀請當事人找幾位團體成員，個別向他們重述這段話。當事人每說一次，聲音更為肯定和有力量。

最後，我請當事人找一位成員照顧他被黑蜘蛛刺傷的雙手。那位成員很細心、溫柔地撫摸當事人的手，並要他好好照顧自己。

經歷此過程，當事人感到很深的平安和滋養。他最後說：「其實在度過這段傷痛的經歷時，我也可以找好友來陪伴、支持我呀！不需要獨自一人痛苦地熬過去。」

（諮商師感覺這個夢有很強的象徵性，而當事人包裹黑蜘蛛的過程最重要，所以選擇不佈景，不成為夢中的任何東西，而直接讓當事人再度經歷夢境。對於「受傷」的部分（諮商師要避免當事人在過程中真的受傷，但此處的受傷是象徵性的或心理的），如當事人的手被黑蜘蛛刺傷，一定要有療傷的過程，才能讓當事人在比較正向、有滋養的情況下結束工作。）

三、誰馴養了兩頭獅子？

當事人的夢：「我好像是國中年紀，和好友到一處大人禁止我們去的地方玩耍。我們正玩得開心，忽然來了兩隻大獅子前後包夾，要攻擊、吃掉我們。在千鈞一髮之際，我的部落長老帶著族人來救我。但回到部落後，長老在類似法庭的大廳嚴厲責怪我不該違反族規到禁地去玩。我很有罪惡感，甚至覺得自己犯了這麼大的錯，根本不該被救！」

我請當事人選擇先佈置哪個景？當事人篩選了被兩隻獅子夾殺的景。

我發現一個奇特的現象，當事人用了數個抱枕，再披上黃色的布，做成兩隻很大的獅子，卻用一個很小的零錢包象徵自己。我告訴當事人我的好奇，讓他注意這個顯著的差異，並仔細體會，看看這個與事實不符的情形。當事人很驚訝自己的安排，覺得很有趣。

（佈景時經常能反映出很多東西在當事人心中的地位、分量和意義，諮商師要特別注意此類訊息。此刻，讓當事人成為獅子是個不錯的選擇。）

我請當事人成為其中一隻獅子，他感到自己（獅子）本就是一位執法者，要來吃掉犯大錯的當事人。獅子感到自己是有能量、有權力的。

我再請當事人佈置夢的後段回到族裡「法庭」的景。（會再佈這個景，是因為當事人已引出了「執法者」的角色，法庭中的經驗就顯得很重要。）

當事人佈置得很快、很簡單，但有擺出長老坐的位子。我順勢請當事人和長老對話。

當事人先看著長老一會兒，轉頭告訴我，他心中有些困惑，那麼好玩的地方為何是禁地？

以及感到不平，自己只是去玩，為什麼就被視為犯下大錯？但他不敢對長老說。

我鼓勵他先試一試，面對長老時，能說什麼就說什麼。

當事人對長老說：「我覺得很愧疚，也很害怕……」當事人有情緒出來，說不下去。我問他：「你感覺到什麼？」

他告訴我：「我覺得我對面的人不再是夢中的長老，而是真實生活中的一位重要他人。而且我覺得那兩頭獅子還在我背後虎視眈眈，心裡很不安。」

這時我也感受到兩頭獅子確實像一直在當事人背後的監督者。我分享我的感覺，當事人也同意。於是我請當事人回過頭去，看可以對獅子做些什麼。

當事人先把獅子放得很遠，看了一下，又把代表獅子的黃布拿起來摺小，再把兩小塊黃布放在手上。我鼓勵當事人試著和獅子說話。

當事人對獅子說了些「幹嘛看著我，你們到底在管什麼」之類的話，又轉身看了看長老，突然對我說：「這兩頭獅子好像我的（某個重要他人）養的，專門用來監督我。但我反而替他養起這兩隻獅子，變成我自己心中很大的自我苛求的聲音。」

我請當事人試著把獅子還給對方。當事人花了不少時間才把代表獅子的兩塊黃布放在那位重要他人的身邊。

這時，時間快到了，我必須準備收尾。我請當事人走出景，我陪在他旁邊，要他以旁觀者去看剛才的整個過程。

當事人靜靜地看了看，沉穩地說：「我覺得他（指指夢中的自己）就是想做自己，雖然很愛對方，但並不願讓對方的『獅子』來限制和要求他。他要做自己！更不想完全符合對方對他的期待。」

我說：「進去剛才你自己的位置，把這些感覺告訴對方。」

他回到剛才自己的位置，對重要他人說那些話，還說不到一半，忽然停下來笑了。他轉頭告訴我：「其實，不是他（重要他人）養了獅子來管我，而是我誤以為他對我有期待就是要控制我。更以為我若做不到他對我的期待，就會有可怕的後果，甚至失去他的愛。」

他停頓一下，繼續說：「我今天回去後，要試著努力和他溝通，他當然可以對我有期待，但我不一定要符合他的期待。有些事當然可以討論、協調，但做我自己應該最重要，相信他也會尊重我。」

我做了最後確認，結束工作。

這段過程引起團體成員很多共鳴，有人談到自己重要關係裡的權力議題，有人分享曾誤以為要維護良好的親密關係，就必須放棄自我的痛苦經驗。團體熱烈地討論人與人之間擁有親密感和獨立自我的兩難，以及如何平衡人類這兩個最重要又看似對立的需求。我靜靜聽著、看著成員們熱切討論這人生的核心課題時，所散發出的生命力和潛能，感動得熱淚盈眶。

（這個夢工作最特別的是當事人非常忠於自己當下的感受。過程中有很多奇妙的轉折，和現實生活的連結是在當下經驗中自然發生的，如當事人體驗到要「做自己」。）

四、以諮商師的直覺處理夢

當事人的夢：「我和太太在坐月子中心（我的實際生活確實如此），醫生檢查完剛離開，我太太的妹妹來探望，我們一起陪太太到大廳走走。忽然看到在一塊布簾後的病床上，剛才那位醫生竟和一女子在作愛。雖然我們實際上只看到兩雙腳，但都很清楚那是誰、在做什麼事。我太太和她妹妹都對醫生這樣大膽的作為很氣憤。做這樣的夢，我感到非常奇怪，不知道它代表什麼？」

我請當事人先佈置大廳的景。當事人佈置了很單調、簡單的景，從旁邊搬了一張銀白色鐵桌當作病床，但只用兩個小抱枕代表人物放在床上，大小比例差距頗大。

我請成員們一起站起來，找個理想的位置來看這景，並分享所看到的。但大家對這簡單的景沒什麼感受。

我明顯出現一種特別的感受，而且非常強烈，忍不住跟當事人分享：「我剛好對這景特別有感覺，而且感受很強烈，也許是我投射了什麼。我說說看，你姑且一聽。我覺得這景給我一種很冷酷的感受！」

（平時請成員一起看景時，我很少分享自己對景的感覺，怕會干擾大家的體會。但今天我對當事人的景卻有很強烈和奇怪的感覺，剛好成員們都沒有發言，所以我說出自己的感覺。）

當事人馬上有點激動地說：「對！我也有這種感覺，我現在看著這景就是這種感覺，我覺得是自己目前對過去工作的感受。」

我問：「你感覺到的是什麼？若能在團體中分享，就告訴我們。如果不想說也沒關係！」（通常在短期工作坊的團體中，若連結到當事人的生活議題，我一定會徵詢當事人是否願意在大家面前說出詳情，且尊重他的決定。是否了解事情細節雖不影響接下去的工作，只是處理上會有些不同。當然，有些事情多知道些實情會較容易進行工作。）

當事人點點頭，告訴我們他正在接受準備轉業的訓練課程，雖已年近四十，但去年毅然決定從高薪工作離職，轉到偏人文的工作。這個決定是和太太一起商量的，太太很支持他轉到自己真正喜歡的行業，當時太太已懷孕，而此決定也已是進行式。但是，現在孩子真的出生了，當事人心中開始有些不安，擔心這是個自私的決定。當事人也察覺這樣的不安已干擾自己全心投入新的領域。

我徵得當事人同意，離開夢境，針對生涯轉換議題中的不安來處理。

我先請當事人把自己心中不安的聲音具體化，即找一樣東西代表；接著請當事人成為那個不安的聲音。我問他（指不安的聲音）：「你存在此人身上想做什麼？直接告訴你的主人。」

「不安」對主人說：「我不信任你，說不定你眼高手低，也許你根本沒弄清楚。如果到時候你才發現自己的特質和能力並不適合新的工作怎麼辦？我要提醒你想清楚，可不能做了錯誤的決定，尤其現在你已經為人父了。（停頓一會兒）即使你已做了決定，我也可以提醒你，讓你認真學習新的東西！」

當事人坐回自己的位置。他告訴「不安」，他經過仔細考量，也花了很長時間利用下班時間試做新工作，更已為轉換工作這段空窗期準備了足夠的存款，太太也有穩定的收入。他做了這麼重大的決定，必然會全力以赴。最後，他告訴「不安」：「其實你好像不需要存在，因為我不太需要你的提醒。」

我提醒當事人：「你好像真的不需要他，不過『不安』似乎也是因著善意而存在。」

當事人謝謝「不安」的好意，但再度強調不需要他。

我要當事人再坐回「不安」的位子，問他：「主人已經了解你是盡心盡意在幫忙他。但我想問，你覺得你能達到你原先的目的嗎?你把你感覺到的直接告訴主人。」

「不安」告訴主人：「我確實發現，雖然我想提醒你、幫助你，但實際上好像在打擊你。我知道，有我在的時候，你有時反而會不想努力，會逃避。我好像該換個角色。」

我說：「告訴主人你想換成什麼樣的角色。」

「我想成為激勵、鼓舞你的角色。」

我要「不安」更清楚地再說一次自己要成為的新角色。「我要成為激勵、鼓勵你的角色，常為你打氣，相信你的決定，支持你。」

我請當事人回到自己的位子，試著把對面坐著的新角色放進心裡。

當事人抱起代表新角色的抱枕。我提醒當事人要仔細體會：「你抱著的是那個會說支持你的話的新角色，你擁有他。」

當事人閉眼緊抱著抱枕。過了一會兒，他睜開眼看著我。我問：「你感覺到他的存在、他的支持和鼓勵嗎？你真的感到擁有他嗎？」

當事人說：「我還有些不確定，但我會帶著這部分繼續體會他的支持。接下去的時間我都可以帶著它（指抱在身上的抱枕）嗎？」

「當然！等離開團體時，你還可以把它畫在紙上，帶它回家。」

（在這段過程，諮商師運用直覺很快得以進入當事人的核心議題。有時這是很奇妙的人際共鳴，但要小心使用，千萬不能把諮商師自己的問題投射到當事人身上。

進行空椅法時，若是抽象的東西，如不安的情緒，諮商師就需要多介入一點，所以我在上述案例中會幫忙直接提問，引導雙方對話。

其實，這樣的空椅對話是當事人自我的內在對話，當事人平時可能已在心中進行過無數次。諮商師直接提問，是要打破這已卡住的對話，引出內在對話正向積極的部分。此當事人原先的重大決定經過周延的考量，最近只是因孩子出生的新挑戰，帶出中壯年生涯轉換的「不安全感」。只要能以正向力量再度自我肯定，就可以把不安全感降到當事人可接受的範圍裡。）

五、害怕面對夢中的力量

當事人的夢：「我在一個四面都是白牆的空間中，先經驗到愈來愈強的震動，因此趕快靠在一面牆上。這時我看到一雙巨大的手像扭毛巾般扭動這個空間，地面傾斜得很厲害，我快站不住了，非常害怕……」

我讓當事人成為這雙手，去體驗它的力量。當事人怕在團體面前變成焦點，所以要求在團體的角落進行。

當事人體會到那股力量從小學時就跟著他，在他背後一直推著他。我建議當事人和這股力量對話，當事人的情緒變得激動，表示很害怕去面對那股力量。

我問：「你怕什麼？」

當事人的回答出乎我意料之外。他說：「我怕會傷到那股力量，怕它就此不見，不知道它若不見我會怎麼樣，當然也怕直接面對會被它傷害。」

（只有在當事人述說後，諮商師才能真正了解當事人的內在經驗。所以諮商師要發問，千萬不要自以為了解，然後去同理。）

當事人向我表示，在大家面前說這些話和表現情緒，感到很丟人。

我請當事人選兩、三位成員，把這種感覺一一告訴他們。（當事人是因為不好意思在那麼多人面前陳述自己的感覺，所以我請他先以面對團體中個別成員來述說的方式試著表達。）

當事人分別告訴了三位成員，內容大概是「要在你們面前說這些話，和讓你們看到我的情緒，覺得很丟臉」。我問他說完之後感覺如何。他覺得說出來感到好一些，也沒有想像中那麼難，而且對方的回饋讓他安心多了。

我請當事人再分別向兩個夥伴說：「我不想面對那股力量，只好讓它繼續在後面推我。」之類的話。（重複說一些話，且直接對某單一對象說，有機會引出內在真實的情緒。）

當事人對第二個成員再說一遍時，表情變了。我問：「發生了什麼事？」他告訴我：「感到委屈和生氣，很想大力跺腳，大聲地叫那隻手不要再扭動了！」我鼓勵他跺腳和大叫，但當事人仍然不敢。

我建議當事人邀請成員們一起出來跺腳、大叫。當事人請有意願的成員出來，約十個人出來圍成圈，當事人要求大家跺腳十次，並叫那隻手不要再亂動、亂推了。大家用力跺腳和大叫，當事人眼眶紅了。

我核對當事人的感覺。他感到好像自己也因此有了力量，可以去管制那隻手。我請當事人閉上眼，感受自己帶著這股體會到的力量，去與那隻推他的手相處，並請他記住擁有此力量的感覺。

（第五章提到生氣是很有力量的，壓抑自己生氣的力量，就會成為沒有能量的人。但是不敢生氣的人能覺察到生氣已不容易，要表達出來更難，不宜勉強。讓其他成員幫忙發洩怒氣、大聲罵人，可以有效地幫助當事人感受到替代性的發洩，也能找到自己的能量。此外，給不能表達情緒的當事人一些適當話語，讓他們照著說，可以很快提升他對憤怒情緒的覺察。）

六、從發霉娃娃到對母親的糾結情緒

當事人的夢：「我的房間有一個放滿各式娃娃的櫃子，我發現其中一個娃娃長了黴菌，我知道那不是普通的黴菌，有劇毒且會傳染給其他娃娃，也可能傳染人。我趕忙戴上橡膠手套，把娃娃抓進夾鏈袋準備丟掉。而且想著其他娃娃會不會都被傳染了？都要丟掉嗎？那些都是我心愛的娃娃，好捨不得，很是為難……」

當事人說她昨天在工作坊的暖身活動中，就是去成為夢裡那發霉的娃娃。當時體會到娃娃像是個性裡想排除掉的一部分，但不確知是什麼。而娃娃本身感覺自己很無辜、很難過，為什麼要被丟掉？我又不是自己願意發霉的？（**我帶完形夢工作坊時，會先進行一個暖身活動：請成員從他們帶來的三個夢中，挑出一樣東西，成為它，並經驗它。**）

當事人已經親身經驗成為夢中的發霉娃娃，所以我直接請當事人和這個娃娃對話。

當事人在娃娃的位子時，感覺娃娃是一些承襲自父母的價值觀。回到當事人自己的位子時，她邊哭邊傷心地說：「我不想要你，卻又不敢真的丟掉你，而且我好像也不確定是不是可以丟掉你，丟掉會不會……」她說不下去。

我建議當事人和父親或母親對話。當事人選擇母親。

（**感覺當事人對這些價值觀的取捨如此矛盾，是因為它們來自父母。因此，直接和父母對話已經成「形」了。**）

當事人先對母親表達：「我覺得自己若做不到你的期待或要求，你就不再愛我了。」

我請當事人坐到母親的位子成為母親。

母親說：「我是擔心你呀！我以前年輕就是不會想，所以後來受了很多苦。也許我是比較沒有安全感，但我只是希望你不會重蹈覆轍，要想遠一點，走穩當的路。我當然是愛你的，即使你真的要做你想做的，我雖然會失望，可是我還是愛你的。」

當事人回到自己的位子，對我說她還是有點難過，覺得母親並不懂她。我請當事人試著告訴母親不懂她的部分。當事人認為沒有用，不想說。

我問：「我聽到你母親對你有三種情感，一種是她身為母親對孩子的期待，希望你之後生活穩定不會受苦；另一個是她因為自己過去的經驗，免不了對你也有的擔心；還有就是她對你的愛，我這樣說對嗎？」當事人同意。我再問：「那你相信母親說即使你做不到她仍會愛你嗎？」當事人更肯定的點點頭。

我請當事人找三樣東西，分別代表母親的三個部分：擔心、期待和愛，並排出它們的關係，試著去經驗三種感覺的差別。

當事人用很大的抱枕當愛，兩個小抱枕代表擔心和期待。交錯擺在一起，表示很難區辨。我鼓勵當事人再仔細看看。

當事人觀察了一會兒，說她似乎已經把母親的擔心和期待帶在自己身上。我要她慢慢拿起擔心和期待，自己帶著。

我問：「這是你想要的嗎？帶著擔心和期待這兩個東西？帶著它們感覺如何？」當事人頻頻搖頭，表示並不想帶著它們。

我請當事人試著把擔心和期待的感覺還給母親。當事人把兩個抱枕放回媽媽的位子時說：「這本來就是你的，我了解你有你的擔心和期待，但那不是我的。」

接著我請她抱起代表愛的抱枕，感受母親的愛。再繼續抱著愛去看另外兩部分：「那兩部分會一直存在，因為那是媽媽的問題，你不想遵照母親的期待，但你也無法期待母親不擔心你、對你沒期待，對不對？」當事人不好意思地笑著點頭。

「但你相信母親對你的愛也一直存在，是嗎？」

當事人說：「我相信，只是過去愛一直被擔心和期待包裹起來，我只感受到那兩樣而沒有愛。」

最後，我要當事人認真地抱著愛，閉上眼感受這樣的感覺並牢記在心裡。

（這個夢很快地連結到當事人現實生活中和母親的關係，諮商師就直接處理母女關係。對重要他人的情感糾結，最好將其不同部分分開處理，如此例中母親的愛、期待和擔心。詳細過程在第六章空椅法中已有清楚陳述。

至於結尾，諮商師最好使用一些方式讓當事人在過程中所得到的領悟、力量、正向感受，能在心中留下較深刻的印象，如此較可能真正在現實生活中實踐。）

七、牙齒想出走

這個夢工作是一次諮商理論課程中的示範性處理。

學生的夢：「我在我家頂樓陽台，感覺天氣很好，心想若能飛到天上遨遊該有多好。正想著，就突然真的飛了起來，一開始很舒服，飛得很順，後來開始搖搖晃晃好像要失控。

好不容易降落，一落地，剛剛在搖晃不定時已搖動的牙齒，好像真的要掉落下來！我很著急，不知道可不可以把它安置回去。」他補充掉牙齒的情節在他的夢境中常重複出現。

我請他成為會飛的自己，他舉起雙臂成飛翔姿勢，不一會兒，他表示手臂很痠。我讓他慢慢放下雙手，並經驗自己的身體。

他做得很用心，我仔細讀他的表情，看到不少變化。但我不想打斷他，並未給予回應。直到他停下來。我問他是否感到把要浮出的情緒又吞了回去。他覺察到有一口痰堵在喉頭，咳不出來，也吞不下去。

我請他成為那口痰，他開始落淚，我問他發生了什麼事？他說他想到一件難過的事，但遲疑沒說出口。我想他不想在班上說這件事，而且當時不是在諮商團體裡，我只簡單的同理他，沒再多問。

我請他轉換成為第一顆快掉落的牙齒。他進入這個角色，體驗了一會兒。「牙齒」表示很開心，就快要脫離嘴巴，而且是第一個可以離開的牙齒。牙齒也感到自己是被嘴巴包覆住。

我請三位同學上來圍住他，並核對是否符合那種被包覆住的感覺。我要牙齒試著從包覆他的嘴巴中掙脫出來，同時提醒當嘴巴的三位同學要好好圍住他，別讓他出來。

（夢中他對牙齒快掉出來非常驚慌和害怕，並希望能把牙齒安置回去，我猜想他內在某部分想要有所突破和變化，但又很害怕這種改變。但我更相信當事人成為牙齒的當下感受，故選擇嘗試讓牙齒經驗掙脫嘴巴的束縛。）

他用很大的力氣掙脫。我鼓勵他同時發出聲音。他先發出用力的聲音，後來，一邊推撞，一邊不斷叫著：「讓我走，讓我出去！」

過了一會兒，我突然感到他的呼喊好像是對著某人說的，而且帶著強烈的情緒。我問：「你在對誰說你要出去？」他聽到我這樣問，就放棄掙扎，蹲下去難過地哭泣。

等他哭了一會兒，我要他慢慢起身，試著告訴圍住他的嘴巴讓他出去。他抬起頭用很堅定的聲音說：「讓我出去！」三位同學都給予他支持和鼓勵的回應。當事人走出來，又回頭要求他們三人的擁抱。

我回應他現在很有力量，他笑了一下，表示想再試一次剛剛走出來的過程。他又試了一次，然後滿足地表示：「很過癮！」

（整個過程中，我並不知道他為何事傷心，也不了解他想掙脫什麼。但我讓他嘗試掙脫圍困他的東西，以找到自己的力量，也經驗到走出束縛的美好感受〔通常奮力掙扎本身就能帶出力量，憋住情緒會減少能量的流動。讓當事人抒發情緒，才能真正體會到自己的力量。諮商師要隨時敏察當事人的情緒狀態〕。更證明即使諮商師不知道當事人的實際經歷，仍能幫助他們。回看當事人在夢中想要飛翔，卻又害怕自己掌控不了那樣的自由，似乎真的反映出他內在相同的矛盾與掙扎。）

八、惡毒的後母與受難公主

當事人的夢：「我好像是個全能的旁觀者，能看出角色們內心的想法和計謀。一開始的場景是在宮廷式的大花園中，舉行慶祝公主十六歲的生日舞會，掌控全局的是公主的後母皇后，國王好像身體不太好，已經不太管事。公主被安排和一位男士相親，但公主非常不喜歡這個人，場面並不愉快。接下來，公主就被後母軟禁在自己的臥房，無法離開。我知道情勢非常危險，因為後母很生氣公主不願意嫁給那位男士，已經策劃要自己的兒子去強暴公主。但是沒有人能去營救公主，甚至沒有人知道即將發生的悲劇。我在焦急中醒來，很奇怪會做這樣的夢，夢裡宮廷的佈置和他們穿的衣服都非常貴氣華麗，和中古世紀的電影很像。」

（夢裡，當事人似乎以旁觀者的角色觀看一場戲劇。我聽完她說的夢，有種特別的感覺，想嘗試以類似演劇的方式來進行夢工作。）

我先請當事人佈景。當事人選擇佈置公主被軟禁的景，要鋪一張大床。她在地上鋪了兩塊布當床，放上抱枕當枕頭，但花了很多心思想架起床上的簾幕。

我原本請當事人成為公主，但她感到很害怕，不敢扮演，想找別人替代她當公主。當事人挑了一位同學，要她像夢中公主一樣躺在床上。

（這個害怕很有意義，在夢裡她並不是公主，現在卻非常害怕當受難者的角色，反而讓我知道要她成為公主是正確的選擇。不過我不會勉強還無法面對的當事人，找人替代是不錯的方法。）

我要公主說說躺在床上的感覺，公主說：「感覺很冷、身體僵硬、很不舒服，但沒有感到危險和恐懼。」我問當事人對公主的話有沒有感覺。當事人感慨的說：「真正遇到危險的時候，沒有人能幫我。這是我的臥房，卻成了危險的地方！」（我注意到當事人用第一人稱，她其實已在公主的位置。）

我再問：「那你想做什麼呢？」當事人立刻說要救走公主。但當事人實際進入公主的臥房後卻感到很焦慮，問我該怎麼做？她的表情很慌亂無助。

（這很特別，在當下並沒有東西困住公主，也沒有後母或士兵阻攔，但當事人真的感到自己的無助，我想她陷入夢中公主的困境。這也可能是當事人生活中類似的困境）

我只提醒當事人，在夢裡她是個全知全能的角色。

當事人對公主說：「這裡很危險，我要帶你離開，你要不要跟我走？」公主說：「我的雙腿僵硬，動不了！」當事人不知所措地看著我。我建議當事人找人幫忙一起拯救公主。

當事人找了團體中最要好的夥伴。兩人一起來到公主的床邊，夥伴對公主說：「有人要害你，我們是來救你離開的。」公主回答她：「我不認識你們，我不敢跟你們走。」當事人好像要自我介紹，但說了「我是○○……」就停住，說不下去。我問她怎麼了？她表示要說的話有點怪，我鼓勵她嘗試。

當事人對公主說：「你是我的一部分，我是你的主人，我不該把你丟在這裡這麼久，現在我要救你出去。」公主伸出手，當事人握住。公主說：「感覺比較溫暖些，和你比較靠近！」

當事人和夥伴詢問可否幫公主按摩僵硬的腿，看能不能好一點，可以自己走。公主同意，兩人開始幫公主按摩腿。我提醒她們用心地為公主按摩，並試著說些話安慰公主。

兩人做得很專心，也都說了些安慰公主的話。最後，公主說她的腿可以動了，兩人就扶起公主，一起逃離房間。

（顯然夢中的公主是當事人的內在部分，已被「遺棄」一段時間。因時間有限，我無法再處理當事人與內在——公主——和好的議題，只能選擇「照顧自己」的主題簡單處理。）

我先和當事人核對：「剛才當事人對公主說她是你的一部分，表示你似乎不太會照顧或拯救自己，這情形只是在剛才的情境，還是平常即是如此？」當事人承認一向不會照顧、安撫自己。我請她向團體成員請教如何自我照顧。引起一段熱烈回應與討論。

告一段落後，我摘要大家的意見，問當事人這些對她是否有幫助？她知道如何照顧自己、安慰自己，有時更能保護和拯救自己了嗎？當事人很有力量的告訴我：「是的，對我有很大的幫助，我會試著去做。謝謝大家！」

我想不只當事人吧，團體中的所有成員應該都有所領會，懂得必須先照顧好自己，也都學到一些具體的方法。這對即將成為諮商師的他們非常重要。

九、直接處理真實生活中的情感失落事件

當事人的夢：「去看前男友買的新房子，進入大樓時是很新、很明亮的新房子，但走進前男友房間，卻非常陰暗老舊，裡面都是舊家具，印象深刻的是一台老舊電視機，讓我覺得奇怪。但當同去的友人批評房間的佈置，我卻幫忙解釋，說那是別人的選擇。

「生活中我知道我前男友剛買了新房子，也曾邀我們一群朋友去參觀，但我沒去。」因當事人特別強調那是前男友，我先澄清：「能否說說你們現在的互動關係？」當事人說：「我想這夢在告訴我，好像我對前男友還留有一些過去的東西沒有丟掉，可能代表我放不下這段舊關係，對沒有他的新生活感覺很突兀。」

我邀請當事人可否看看這段失落的關係。當事人同意。接著進行情感失落事件的處理。

（當事人在說完夢的當下，已浮起和前男友關係的議題成「形」，也自行理解這夢的象徵，象徵的事件又與真實生活相近，所以我選擇直接進入情感失落事件來處理。

如果夢境清楚地浮現出當事人生命中的未完成事件，或生活上真實存在的困境或問題。例如，夢見剛過世的親人、在夢中和剛分手的伴侶互動、剛發生過的人際衝突等，直接處理這些議題可能是恰當的方向。）

十、夢中隱形的女兒，真實的女性角色

這是我自己的夢，由我的諮商師Rose為我進行夢工作。這次經歷讓我重新面對我自身的女性議題。

「我夢見我突然多了一個女兒，這個女兒比我當時念小學的女兒大一點，是青春期的女孩。我不知道她是從哪兒來的，一開始也不知道別人竟看不到她。於是我常常向先生抱怨：『另一個女兒來了，你為什麼都不幫我照顧她呢？』但先生總是說：『哪來的另一個女兒呀！』我覺得很困惑，先生看不見這個女兒嗎？我們一起生活了一陣子後，有一天世界要滅亡了，我們必須領到某個東西才能活下去。但領取這東西的隊伍很長很長，我們排在幾乎是這條人龍的最後，已聽到廣播說東西快發完，不必再排隊了。我想完蛋了，我們全家都會死掉。結果這個隱形的女兒跑到隊伍最前面，領到這救命的東西，救了我們全家。」

諮商師要我先試著成為那隱形的女兒。一開始我覺得有點困難，於是她讓我和隱形的女兒進行空椅對話。

從對話的過程，我感覺隱形的女兒就是青春期的我，這讓我很難過。我回想年輕時的自己，總是刻意中性化，而且對女人不能太柔弱有過度的錯誤認同。此刻，我似乎在為那不曾擁有過的青春歲月悲傷。於是諮商師幫我處理對女性角色的接納和認同議題。

我猜想這個夢說不定跟女性議題根本無關，可能是我對先生照顧女兒總是漫不經心的不滿；或當時的我對自己不太有信心，容易不知不覺壓抑一些能力；也可能是提醒我擁有一些隱

而未顯的能力；甚至是反映我對大環境惡化、地球會遭遇浩劫的擔心。也許我在另一個時刻探索這個夢，會引出另一個生命議題。

不管夢到底要告訴我們什麼，完形諮商在處理夢時，關心的是在此時此地藉由這個夢促使當事人浮現某個潛藏的議題。我們相信那也是當下當事人最需要被處理的部分。利用夢，有時可以揭露出我們內在深層、隱諱的問題，讓諮商工作較快速地進入當事人的核心議題。

從十個夢工作過程中，可以看到每個人內在擁有非常強大和神奇的力量。當事人的轉變以及新的看見與體會都是自發的，諮商師不必做什麼。甚至遇到卡住的時候，只要問當事人「你覺得這該怎麼辦？」但是，諮商師必須做一件很重要的工作，就是專注地與當事人同在，並幫助當事人保持在此時此地。

團體夢工作可運用的活動

以下活動可以讓團體所有成員共同參與。

一、找一個夥伴說夢

兩人一組，輪流說出自己作的夢。一人說完後，兩人先閉眼體會所說的或聽到的感受，以及對此夢有何（或有新的）了解與聯想？對夢最生動的印象是什麼？最具有情緒的部分為何？聽者還可感受此夢與自己的關係等。之後兩人再互相分享。最後交換角色再進行一次。

二、假設別人的夢是自己的

假設當事人的夢是自己的，以「假設這是我的夢……」開頭，說出夢對自己的意義。這是一種投射自己內在議題的機會。之後如果當事人的夢被處理，自己也能得到類似的療癒效果。投射出自己的議題，同時也把「投射」的部分告知當事人。當事人認真體會別人的詮釋或投射到自己的感受，也許會產生共鳴，讓當事人有機會對此夢有更多新的或更深的體會。

三、和不同夥伴重複說相同的夢

團體成員圍成內外兩圈。內外圈相對的兩人先為一組。外圈（或內圈）的人先述說自己的一個夢，說者與聽者要認真體會。說完，由聽者分享感受；或自己若作了相同的夢會如何理解；或覺得對說夢者可能的意義；或點出說夢者述說過程中一些特別的表現。

外圈的人聽完後，向左或右移動一個位置，和另一位內圈者成為一組，再重複說同一個夢，再次經驗聽者回饋的過程，可連續進行三到五次。

之後，內外圈再交換角色，重複剛才的過程。最後可共同分享所有過程中新的體驗和收穫。

四、小組以肢體或演劇體驗夢

數人一組，每組成員均以肢體表現出夢中的一樣東西。小組經過討論，將每位成員扮演的各個東西，組成具有意義的景或劇，輪流演出，其他各組對整組表演或個人給予回饋。表演組的每個人也分享自己演出和聽到回饋的感受。

五、兩兩孵夢

兩人一組，一人先述說一個自己的夢，說到一半停下來，由另一位夥伴接續為他作這個夢。聽對方說夢時，要非常專注，好像自己身歷其夢，才能幫此夢孵出另一個結局。完成一人的夢後，進行討論，如說夢者對新結局有何感受？說夢者原有的夢有了不一樣的結局，對此夢有無新的感受？幫他人孵夢的心路歷程如何？孵夢者投射什麼到夢中？等。

我常用兩兩孵夢當作夢工作團體的結束活動。這時我會增加一條規則：一定要為對方孵出好的結局，以避免在團體快結束前讓成員有不愉快的感受。若來不及處理，就成了新的「未完成事件」。

以夢自我幫助

一、處理自己的夢

人必須慢慢接觸自己內心深處陰暗或否認的部分，繼而以溫柔接納的方式與之相處，才能得到真正的生命救贖與心靈成長。就如作者所言：「夢，是了解自己有何渴望的最佳管道。」（曹中瑋, 2007, p.4）

㈠處理自己的夢最簡單的方式，就是把夢重新寫一遍，或多說幾遍

每次重新述說或寫夢的過程，都要再度身歷其境細細體會。

有一次我作的夢是：「我在家鄉的火車站等車，要回台北的家，時間快到時，竟發現要搭的車從另一個月台進站。我急急忙忙飛奔到另一個月台，車子卻準時從我眼前開走。這時又來了一輛電聯車，雖然心中有點疑惑這車要開往哪裡？但一大堆人上車，我也就跟著上去……車上有些人似乎認識我，在背後討論起我的工作和忙碌的生活方式。這時有人問我，好像有一個人跟在我後面，我回頭一看，竟是一位已過世的友人。我很吃驚，心想她為什麼會跟著我？但我想和她說話時，她又不見了。我轉身看窗外的景致，愈看愈不對，竟看到貢寮市區的標示，我知道坐錯車了。趕忙在貢寮站下車，走出車站碰到現在的同事，她也小聲告訴我：那位友人跟著妳呢！」

這位友人十多年前和我在某個心理諮商工作場所共事過，印象最深的是她對工作的認真和投入。之後我們各自離開，因為忙碌就沒再見過面。但因為同行，偶爾會聽到她的一些動向。作這個夢是在得知她因癌症病逝的消息三、四個月後。醒來我哭了，很是難過。於是我重新把這個夢打進電腦裡。

用打字的方式再次經歷這個夢，使我有了新的體會：

這個夢幫助我真正接受友人已永遠離開的事實。之前只是聽說，沒來得及參加她的告別式，很難相信她的離去，也不想當真。現在我真的該和她告別了。

我也體會到自己的遺憾與懊悔。一年多前就得知她正與病魔奮戰，也總想著有空要去探望她，為她加油打氣。後來竟然忙得在得知她走了時，連告別式都錯過。我該對這樣的遺憾做些適當的彌補。

再者，這夢所引起的自責，更讓我驚覺必須好好反省與改變一直以來忙碌的生活方式。我很快就將心中猶豫多年的生涯重新規劃定案，並有了具體的實踐時間表。這夢也告訴了我內心最真實的渴望，再次幫我做出人生重要的決定。

㈡利用佈景、成為一樣東西來處理自己的夢

自己在家中佈置夢的景，可以在桌面上做小範圍的佈景，或用畫下來的方式替代。

成為夢中的一樣東西時，最好也能夠運用肢體，同樣真實描述出自己的形象、質感，說出當下的感受和自己的功能等。

有一次我作了一個很長的夢，印象最鮮明、奇特的是其中一小段：「正在餐廳聚會，聽到有人說：『奇怪，這條黃瓜裡怎麼會有一條魚？』我移動視線，看到一條被困在小黃瓜裡的魚。那人好奇說：『我要拿去研究研究。』他捧著黃瓜要搭電梯，突然間小黃瓜立刻變大，像大黃瓜那樣大……」

夢醒後，我先成為這條魚，自問：「我在這裡做什麼？怎麼被困在黃瓜裡？我不應該出現在這裡啊！」回答自己的問題時，說著說著，突然意識到生命中我一直被困在某些地方，不禁面對「是否自己自由、浪漫的心性，老是被困在學術圈裡」的問題。

接著我再成為黃瓜：「我是一條黃瓜，純素、純淨的黃瓜……，我身體裡有一條魚，我被一條魚汙染了嗎？」「汙染」的感覺又讓我想到該去處理的另一項人生功課。

二、用他人的夢幫助自己

有一次，一位學生寫信給我，分享她作的一個夢，且夢中有我。

「一開始，我好像正在某個陽光充足的陰涼處帶領團體或上課，我不經意轉頭，看見曹中瑋老師從遠遠的地方微笑地向我走來，我趕忙簡單結束課程，然後開心地迎上前去，跟老師邊走邊聊。這時我看見周遭是一片翠綠大草原，我正從小山坡上往下走，緩緩的風帶著清新的草香伴著我們，那是一種很舒服又很享受的感覺。

「沉浸在此良辰美景的同時，我忽然驚覺剛才因為看見老師來太高興，急急忙忙往外走，以致把背包遺忘在課堂裡。此時立刻升起一股擔心背包不見的焦慮，並且與不想錯過跟老師聊天的快樂起了衝突。

「我因著心中的不愉快感覺而問老師：『平時您如何紓解心中的不愉快和負面情緒呢？』老師遙指左前方一個像平台的翠綠高地說：『每當我心情不好的時候，就會到那裡看著美麗的風景，讓自己充分接受大自然的洗禮。』我順著她指的方向走過去，果然看到一片一望無際、綠草如茵的天境。

「這個平台緊接著天際，視野非常開闊，使人的心情整個輕鬆愉快起來；我不禁張開雙臂，深深吸氣，享受前所未有的高峰感覺。但轉瞬間害怕背包不見的掛心和焦慮又爬上心頭，讓我的高峰經驗再度被抹上顏色。」

我在回應他這封說夢的信時，看到自己的投射，更對自己有些新的領會：

「夢中的主角在追尋一種更高的生命境界：安詳喜悅的高峰經驗，但是似乎焦慮著會失去生活中的一些東西。隨身背包代表的好像是日常生活裡很重要但很普通的東西。失去背包是否是必然的？好像也不盡然，若慢一點，仍然可以背著背包，走向一望無際、綠草如茵的天境。」

以上是我的聯想，當然應該是我的投射。那時我正準備退休，渴望追尋生命的另一個境界——那一望無際、寬闊純綠的世界。但學生的夢似乎在提醒我不能過於急切，要做好充分準備，不然可能連身邊本來擁有雖平常但必要的裝備都會失去。這樣即時和深刻的領會，對我而言真的非常重要。

因他人的夢促使自己有此體會，真是奇妙極了！

有一次，學生在相關的作業上分享了她的夢。

「我有一個熱汽球，我很喜歡這個熱汽球，因為它可以載我到很多我想去的地方，我常常這樣飛來飛去，有一種流浪的心情。可是這個熱汽球卻不太安全，因為它沒有什麼安全設施，要我自己牢牢地抱住它，我常會害怕有一天會從高空中掉下來。我好像坐著熱汽球要去看夜景，它突然飛不高，降落在學校的大操場上。兩個好同學突然帶著禮物出現，叫我過去。我一跳下熱汽球，它就飛走了，我想追，但又覺得這熱汽球那麼危險，雖然惋惜，但就讓它飛走算了。心想等我有錢後，我要再買一個更好、更安全的熱汽球。」

我看了這個夢，馬上投射自己的感受：「好可惜呀！我好想高高飛走去流浪。然後我想，這若是我的夢，會是誰來找我，讓我捨熱汽球而去和他們在一起？想到好多人！我發現我若會捨熱汽球而留下，也就是放棄流浪仍過著現在安定的生活，我不會害怕不安全，而是身邊重要的人讓我留了下來。」

在完形諮商中，夢工作一向是我最有興趣、最投入，也最享受的一部分。

常有人抱怨，睡覺時作很多夢使得睡眠品質很差，其實是對睡眠時作夢最大的誤解，也可說冤枉了夢呢！從睡眠與夢的科學研究證實，每個人一夜最少都會作四到五個夢。所以，所謂不作夢，只是不記得所作的夢罷了。

當然，夢也是我們腦部既有內容的運作結果。當白天焦慮不安、有未完成的事件、有滿足不了的需求或期待、有難解的人際困境，晚上就容易以惡夢或詭異夢境的方式反映出來。這些黑色夢境當然可以成為諮商或治療工作的重要素材和線索。

我喜歡王溢嘉的書《夜間風景——夢》，自序的標題是「夢是一封給自己的心信」。既是寫給自己最親密內心的信，自然要用我們的慧心認真展讀，並要多讀幾遍，甚至編號珍藏呀！

第八章 完形諮商兩極工作

兩極的我

以為積極向上的小戰車就是我
討厭那像慵懶無所事事的波斯貓的我
否認浪漫、易感、愛哭的人魚公主也是我
期盼自己是冷靜、客觀、就事論事的貓頭鷹

小戰車聯合貓頭鷹想霸占所有我的出場
人魚公主哀怨的哭著
波斯貓氣得豎起了毛

該認真工作
　人魚公主的淚水腐朽了戰車的輪
　嘰嘰嘎嘎的發動不了
該理性思考
　波斯貓卻和貓頭鷹打了起來
　無暇再清晰判斷
該柔軟浪漫的愛
　貓頭鷹衝出來嚇走人魚公主
該悠閒梳理美麗的毛
　戰車總威脅要輾過波斯貓
這是怎樣的一個混亂場面！
誰能出來管管心中的吵鬧？

我到底是誰？
是小戰車？
那波斯貓是誰？
是人魚公主？
那貓頭鷹是哪飛來的？
都是我嗎？
我又不喜歡那隻懶貓和哭哭啼啼的魚（人？）
我是誰？
我到底是哪一個？

中瑋於二〇〇五・四・二〇

小文是個認真積極的大學生，按部就班地安排高效率的生活，和同學們隨性玩電動、上網、起不了床就蹺課的情形很不一樣。有時被拉去班遊或聯誼，小文也很難開心地玩，總擔心著要如何彌補被打亂的計畫。

但是，她對自己內心常出現的「抱怨」很是疑惑和生氣。那聲音常質疑她為什麼不能像同學一樣輕鬆過日子？雖然這麼用功，成績還不是老輸給那個聰明又會玩的倩如？那聲音也讓小文對自己很生氣，因為會讓她心情不好，降低做事效率；又常覺得委屈，懷疑自己的努力沒有意義，大大擾亂了她的意志力，以致缺乏動力。小文愈是想消滅內在這股打擊士氣的邪惡力量，這聲音就愈是揮之不去，小文慢慢地開始感到害怕。

志強大多時候都表現得人如其名，勇敢而堅強。但他心裡明白，每當遇到困難，他第一個念頭是想立即逃掉，但他總是咬牙強逼自己去面對，心裡卻怕得要命。好像有個膽小的自己在告訴他：「事情不是你想像中那麼簡單，你一定會失敗。」「要仔細考慮清楚呀！要想好退路再出擊，不然會死得很難看！」

志強很討厭那個瞻前顧後的內在特質，更不敢讓別人看到他懦弱的一面。面對各種艱難的生活困境，已消耗很大的能量，卻還要費力應付內在的搗蛋分子，真讓他感到心力交瘁，更懷疑自己是不是快瘋了。

一些描述雙重（或多重）人格的電影和小說受到重視和暢銷後，不少觀眾或讀者都會擔心自己是不是也有雙重人格，不然怎麼總會有對立的特質在內心深處交戰？如同小文和志強一樣。

波爾斯相信，每個人的各個特質是形成同一連續體的兩端或是以兩極的型態出現，也就是當一個人擁有一個嚴肅冷靜的特質，相對也就有輕鬆溫暖的一面。此兩極是相互辯證，也互相界定彼此（Clarkson & Mackewn, 1993/1999）。

隨著個人的社會化歷程，被所處社會、文化肯定和鼓勵的一極，會發展得很好而表現於外；而另一極因經常不被接納，就被我們否定並壓抑。例如，勤奮的特質在我的家庭中受到讚揚，我就經常讓它表現出來，而另一極懶散的部分就被我排除或投射出去。較被否定的特質雖很少被自己或他人看見，但並非不見了，常會以突兀的方式跳出來，干擾或扯突顯特質的後腿。像志強一樣，他膽小謹慎的部分會不斷放話恐嚇勇敢堅強的部分，造成志強內在的自責和衝突，浪費許多能量於內心的交戰，阻礙其人格的統整。

有些相對的兩極特質並不會發生衝突，彼此協調得很好。例如，我的謹慎和冒險兩極特質，就能適時地出現其中一極，或攜手合作，以因應當下外在的狀況。

從其他學者的論述來看，被我們壓抑的一極類似榮格（Carl G. Jung）所稱的內在深沉、晦暗的「陰影」（shadow），或羅洛・梅所稱的「原魔」（daimonic）。它們本就是我們的一部分，否定它們就等於封殺了一部分自己。從心理健康的角度來看，接納自己的所有部分，並加以整合，是非常重要的一環。以致在心理諮商或治療中，面對當事人所認為的負面特質或力量，是關鍵性的工作目標。

羅洛・梅曾在其著作《愛與意志》中提到：

> 我們可在心理治療中清楚發現，若只因原魔過於危險而甘願臣服於逃避的誘惑，很顯然是不具建設性的作法；選擇這條路，意味著心理問題的治療過程將走向一種較為溫和的「調整法」，亦即協助病人邁上枯燥乏味的「康莊大道」。無怪乎許多病人寧可停留在精神官能症或精神病的處境裡，而不願變得「正常」，因為至少在脫軌的生命存在裡，他們可擁有更旺盛的活力與力量。（摘自May, 1969/2001, p.203）

兩極工作的基本觀點與目標是：了解與接納我們所有的兩極特質。我們是由許多兩兩相對的兩極特質所組成的複雜個體，而不論正反，每一個特質對我們這個人都具有功能。所以，並非是把兩極特質加以中和成為一個中庸的特質，更不是要修正或去掉某個特質；只是修正某特質的表現方式，或增減特質出現的時間比率。

而所謂了解和接納這些特質的主體，就是我們這個人的核心自我，我稱之為「主體性自我」。「主體性自我」必須有很大的包容性和良好的管理能力，才能接納與掌管所有的內在特質。在我的兩極工作裡，真正的目標其實是使「主體性自我」變得更強而有力。

「主體性自我」是個抽象構念，是我在諮商實務中建構的。這幾年，我用「『我』王國」的意象來闡述這個構念。

主體性自我是個寬大、無私、公正、有能力的國王，負責掌管「『我』王國」中的所有臣子（「我」的各部分特質），讓他們各就其位、各掌其職，發揮各自的特性。王國中的每個臣子自然都有他們存在的價值，也都對國王忠誠，因為他們是榮辱與共的一體。因此國王也要愛護、接納所有臣子，支持、肯定他們各自的貢獻和功能，溫柔並公平地對待他們。

當「『我』王國」中的臣子兩兩對立，只顧內鬥，無法合力為國效力。這時就是國王必須重新建立領導者的威信，有效地平息國內各種紛擾與混亂，整頓國政的時候了。

不過，有智慧的國王不會急著「變法」或「革新」，而是判斷適當時機，有時要以退為進或懷柔籠絡；有時則要無為而治，讓大臣們有更多發揮空間。

當國王要重新奮起、勵精圖治時，更要先原諒自己之前的「失職」及「躲避」，或是明顯偏愛與排斥某些大臣的情形。

羅洛・梅在《愛與意志》中寫道：

> 我們必須學習接納原魔，否則它將會反過來侵占、控制自我。易言之，克服惡魔掌控的最好辦法是學會掌握它，與其坦誠相對、協商，進而將它統合到自我體系之中。這樣首先，自我可藉由統合原本忽略的部分而得以強化。其次，這個統合過程將會醫治自我內在的「分裂」，並抒解造成自我癱瘓的心理衝突。此外，從前我們因否認原魔而必須常用自以為是或冷漠疏離等防衛機制以自保，而今這些防衛機制都隨著納入原魔的過程而瓦解了，終於，我們因此而變得更有「人性」。（摘自May, 1969/2001, p.187）

> 「若我的魔鬼要離開，我擔心，我的天使也將振翅飛去。」——里爾克（Rilke）一九〇七至一九一四年間第七十四封信簡。（摘自May, 1969/2001, p.171）

兩極工作常見的兩極狀況和處理原則

兩極的狀態非常複雜，狀況各自不同；甚至，每個人的每對兩極都以不同的方式存在。有的兩極特質可以攜手合作；有的互相敵視、衝突不斷；有的一極強大，和主體性自我聯手打擊另一極；也有一極特質已坐大而竄位，另一極根本無從發聲，連主體性自我都噤若寒蟬。故進行兩極工作時，需視實際情況而做不同的因應。

以下是常見需要處理的兩極互動狀態和處理原則。

一、一極過度發展時

若當事人的某一極特質發展過大，幾乎霸占了主體性自我（之後均簡稱主人），主人完全受制於此特質，無法招架。通常，主人並不喜歡這一極特質，但無力掌控。例如，有一位當事人退縮、拖延、慢吞吞的特質很強，他稱之為「大烏龜」，他討厭自己的大烏龜，卻一直表現出這種特性。在此情形下，有的人會誤以為這強大的特質就是全部的自己，全然忽略其他特質的存在。像大烏龜的主人可能完全認同大烏龜這部分，認為自己就是大烏龜，但他並不喜歡，或不知道對這樣的自己如何是好。

少部分當事人全然認同自己的某一極，就是喜歡這樣的自己。但這種人個性會很僵硬、缺乏彈性，生活裡較不適合此特質的層面，如人際關係，便容易發生問題。

例如，一位公司總經理其人格中強勢、嚴格、冷靜的一極發展過大，在工作層面也許可讓他獲得很高的權力和成就，但在家庭生活層面，因他很難表現出溫暖、輕鬆的一面，和家人之間可能會疏離而淡漠。

某一極特質發展得特別大，不是一兩天的事，也可能在過去的生命歷程中有其關鍵性功能，甚至此人當時主觀感受到生死存亡的危機，必須以此特質來回應。如十幾歲的孩子，面臨父親意外身亡，母親身體又非常虛弱，身為老大的他需一肩扛起家計，所以強化了「堅毅強勢」的特質，不允許「脆弱柔軟」的另一極特質出現。

處理過度發展的一極時，先要肯定和感謝這個特質過去的付出和對主人的貢獻。然後幫助主人體驗自己的力量，慢慢把「大烏龜」分化出去，體驗大烏龜只是自己的一部分，是可以掌控的。主人接納大烏龜後，好好與之溝通協商，收回其過大的權力。由主人重掌大局，並適度安排其他特質的位置與出場。

二、主人對兩極的接納程度不同

主人常會偏愛某一極特質。有時「偏心」存在一種非常弔詭的現象，如表面上都讓某一極出現，好像很支持它，但私底下卻偏愛另一極；有時是一極很不被主人接納、很苦，總在主人的內心深處暗自飲泣，甚至感覺被完全否認，主人在意識層面也以為自己根本不存在這一極。

處理重點當然需要主人先意識到自己的偏袒，並願意試著調整自己，成為公正的主人；再分別與兩極對話，特別是與較不接納的一極，多讓這一極有機會說說自己的心聲，和表達對主人的期待。主人則要花時間來認識這一極，了解其對主人的功能，給予一些支持和照顧的言語或行動。並重新安排兩極各自的位置與角色。當某一極特質都被主人藏起來，很少在他人面前出現，主人需要學習嘗試讓其現身，經驗以此一極出現的自己如何與別人互動，以及得到何種回應。

有一次，有位學生處理他「照顧別人」和「自私自利」的兩極。他非常討厭自私自利的特質。我讓他想想，自私帶給他什麼好處？一開始他想不出來，回答：「自私哪有好處？」我提醒他，那麼自私何以會存在？要他仔細體會，當他自私時會有什麼利益。他說：「可以做自己想做的事吧！比較不會累，但很有罪惡感。」我告訴他，這不就是自私對他的幫助？讓他擁有一些自己的時間，而且不會被照顧者的特質累倒！

這就是我們所有的特質都有其功能的意義，也就是在我們身上無所謂好特質或不好特質之分。任何特質都有它存在的價值，端看主體性自我如何掌管和運用！

三、勢均力敵的兩極

勢均力敵的相對兩極特質，因具有相當的力量，經常打得很凶，各不相讓，在主人內心拉扯，甚至讓主人對外表現出矛盾的現象。主人主觀感覺管不住它們，知道它們都很重要，但是對它們的爭執也很無力。

這時要多讓這兩極對話、協商、相互了解、尊重對方的功能。但若兩極堅持己見，無法協調，主人就要出面調停。有時主人沒有能力，或放棄自己的權力，兩極工作就需要轉而幫助主人增能。因為兩極的對立嚴重，可能是主體性自我強度不足所造成的問題。

四、主人無力掌管內在的各對兩極

有時主人本身的能量不夠，無力掌管自己內在各個兩極特質，使王國內的所有特質內亂不止。有的兩極互鬥；有的特質躲起來不事生產；有的特質總如快閃族般短暫出現，做些怪異行徑又跑掉。這時，強化主人本身的能量，以能好好管理內在所有特質，就成了處理兩極的重要功課。如何增加主人的力量，可以運用第九章增能的方法。

另外，讓主人體驗自己擁有兩個對立的特質，感受它們是自己的一部分，能提升主人的掌控權。實際作法可請主人抱起兩極特質的代表物，或以主人身分和口吻與兩極特質對話。

五、一些特質相互干擾混淆某極特質

人們擁有很多特質，在單獨處理某對兩極特質時，難免其他相關特質會出來干擾。在工作中要注意區隔清楚，必要時也可以讓新的特質出現。

例如，有一次當事人處理他堅強勇敢和軟弱膽小的兩極。他卻為後者取名為「刺蝟」，他表現出這一極特質時，也看不出軟弱的樣子。我出於疑惑的向他澄清，他說：因為他不想讓脆弱的自己出現，對外總是一副凶悍、討厭別人的態度。其實，刺蝟是他的另一個特質，其功能是阻止他顯現出軟弱特質。

我試著幫當事人區分軟弱、膽小和刺蝟的特質，他才有機會接觸內在的軟弱，正視它的存在，接納它。他的人際關係開始有了變化，親密友人才不致常被他的「刺蝟」誤導，較能真正了解和接近他的脆弱面，進而與他有更好的關係。

主動找尋兩極的步驟

有衝突的兩極，可以在諮商過程中慢慢發現並加以處理，也可以主動把它找出來。

我在諮商師的訓練課程中，會期待成員做家庭作業找出自己的兩極。對準諮商師而言，接納自己的每一個部分，進而整合自我，減少內在衝突，以保有其內在能量，是非常重要的養成教育，得以提升諮商師的功能。

找出兩極的步驟如下：

一、寫下至少三十個自己擁有的特質

原則上，以直覺很快地寫下，不必思考太久。且不論此特質是否在眾人面前表現出來，或出現率高不高。若真的寫不出那麼多，可以向親近的重要他人詢問你的特質。不過，仍要以你

認為擁有的特質才能納入。

二、將這些特質分類

試著把三十個或更多特質分類，非常相近的特質可以成為一個特質群。特質群不要包含過多的特質，不太相近的最好區分開來。當然，也可以保留單一特質自成一類。

三、找出兩兩相對的特質

在整理好的特質或特質群中，找尋兩兩相對的特質。在成對的特質中，若有某一對對你來說衝突性很高，或你很不能接納其中一類，可以成為優先處理的兩極議題。也要特別注意落單但在你身上很突顯的特質，有可能它的相對一極特質被壓抑，以致你根本意識不到它的存在。

四、為兩極特質分別命名

為挑出來的這對兩極特質各自命名。以具象的物品、動物為名較佳，至少在你的主觀意象中，這個名字很能代表此特質，如我的懶惰、無所事事特質，我將其命名為「波斯貓」；而相對的積極、進取特質，則取名為「小戰車」。命名在兩極工作是一個非常重要的步驟。

五、思考兩極各自的特性

以下面幾個問題，分別思考此兩極的特性。例如，波斯貓在什麼時候會代表我出現？出現時，我表現出什麼樣的行為？在我有記憶以來，它從何時開始存在？在生命的哪個時期比較常出現？在什麼樣的場合或哪些人面前會出現？現在它出現的頻率？我喜歡它嗎？我和它的關係如何？等等。

尋找兩極的過程也可以在個別諮商中使用。不過，在個別諮商裡不必拘泥以上的步驟，會有很多不同的機會看到和當事人兩極相關的訊息。

進行兩極工作時，諮商師通常要用第五步驟中的問題，再次在當下詢問當事人。一方面使諮商師了解當事人的兩極特性，以便判斷接續的處理方向和重點。另一方面可突破當事人自行思考這些問題時的限制，協助當事人進一步認識與了解自己的兩極。

兩極工作處理步驟

兩極的處理同樣基於完形諮商的基本精神，在此時此地親身經歷過的經驗，當事人才能進入其內在，造成真正的改變。因此，進行任何工作都必須視當下的狀況而定，很難有一定的步驟和法則。不過，有些部分還是要先進行，才能進入其他的處理。

在我的兩極工作中，重點不只是兩極對話，也很注意所謂主體性自我（主人）的強化。所以，基本上至少要有三張椅子。我建議把一張較大的靠背椅放在中央，做為主人的位置；另外兩張沒有靠背的椅子，放在主人位置的前方兩側，分別為兩極的座椅。

我以我的「波斯貓」和「小戰車」來說明兩極處理的兩個基本步驟：

一、兩極分別現身

當事人帶著想要處理的兩極上場，選擇兩樣物品分別代表這兩極（我通常提供各種顏色、尺寸的布和抱枕，當事人也可以用其他東西代表），並放在各自的椅子上。當事人自行決定要先成為哪一極，如果是「小戰車」，就坐在已放置其代表物的椅子上。

諮商師引導當事人進入「小戰車」角色，並自我介紹。過程中要仔細觀察當事人的肢體動作和表情聲調，並注意當事人此時確實專注在「小戰車」的角色上。若角色跑掉、或和其他特質混淆不清，諮商師要協助當事人回到現在的角色上。

諮商師判斷恰當的時機，請當事人換到另一極的位置上，並讓「波斯貓」自我介紹。各自介紹的過程中，諮商師可以運用相關問題，引導當事人多說一些。自我介紹的內容包括特色、功能、與另一極以及主人的關係。

二、處理兩極的問題

兩極各自我介紹後，諮商師要從剛才介紹的訊息，初步判斷當事人的兩極問題是哪一種狀況，據此研判接下去的處理重點。

這一步驟完全依據當事人提出的兩極困境來進行，依靠的是諮商師的當下直覺、創意和諮商專業。不過，最終目的必定是讓兩極和好，被主人接納，並由主人掌管、帶領兩極，成為一個內在協調且整合的人。

兩極工作實例

以下呈現五個兩極工作實例。前三個是在為期十二週每週三小時的團體進行，後兩個是在兩天的兩極工作坊所處理的案例。五個案例均在工作前完成「找出兩極的步驟」，主動找出個人需要處理的兩極特質。

每個案例進行的時間約為一小時。

一、鐵面人與小懶貓

㈠兩極各自表述

當事人所要處理的兩極，分別命名為「小懶貓」與「鐵面人」。前者是隻慵懶、散漫，有點消極、軟弱的貓咪；後者則是堅強、冷靜、積極強勢的鐵面人。

當事人先坐在「小懶貓」的位置。我以「你是怎樣的一隻小懶貓？」引導其介紹自己。我發現當事人成為小懶貓時，身體姿勢不同於平常，特別請他感受當下身體的感覺，並保持覺察這樣的感受。

（當事人成為單獨的某個特質時，身體姿態、聲音表現以及表達內容，都會因特質的不同而變化。當事人是小懶貓時，表現出與平日的他非常不同的樣貌。我猜想這小懶貓是較不被允許表現在外或主人較不接納的一極。）

小懶貓確實表達了不被重視、也不被允許出現的不滿情緒。我問：「主人獨處的時候，你會出現嗎？」

（不允許某特質表現在外，不見得排斥此特質，故以此問題確認其和主人的關係。）

我反映出他回應此問題所帶著的情緒：「在你的經驗中，只有當主人獨處時，你才可以出來，看起來有點不甘心的樣子！」再問：「你覺得主人喜歡你嗎？」

根據小懶貓的回答，我再反映小懶貓對自己和主人關係的主觀感受：「你感到不被主人接受的沮喪！」同時，抓到小懶貓的另一種感覺：「但好像主人獨處時，也蠻喜歡你的。」

小懶貓說：「但必須外面安全，我才能出現。」我澄清這句話是小懶貓的感覺，或是主人的要求，並請小懶貓自己清楚表達出來。他說：「主人要求我，外面世界安全時我才能出現。」

接著請「鐵面人」出場。鐵面人介紹自己時，很快地跑到主人的角色上。即使提醒了他，他仍會跑回主人身上。

（我感覺鐵面人和主人有很強的連結，鐵面人這一極似乎發展過大，而主人可能也過度認同這一極。所以，我決定以改善此狀況為主要的處理重點。）

㈡處理重點

我請當事人坐到主人的位置。問主人：「鐵面人什麼時候在你身上出現？」

（讓主人體會到鐵面人只是他的一部分，以及回顧鐵面人特質跟隨他多久；我也希望掌握到鐵面人之所以在主人身上形成，是否因為主人生命中發生了重大事件或變化。

若某個特質是用來因應調適一些關鍵事件的發生，可能需要處理這個事件對當事人的影響。例如，某人青少年時，父親意外身亡，整個家庭和生活受到很大的衝擊，他被迫只能展現堅強的一面，可能過度認同此特質，而壓抑相對溫柔、脆弱的一極。）

當事人說，鐵面人是高中時期在同儕互動中出現的。

（諮商師判斷這應是社會化的結果，並非由重大事件造成，故集中處理試著將主人和鐵面人區分開來的議題。）

我問：「你只有鐵面人這個面具嗎？」

（我特別說當事人是戴著鐵面人的面具，意圖在區分鐵面人不是主人，只是主人的一個面具。）

我再問：「對你來說，不是鐵面人就是小懶貓嗎？你有柔軟但不是小懶貓的時候嗎？」

當事人說他不是鐵面人而去面對他人時，會感到很困窘。

我請他經驗這個感覺。「你不戴鐵面人面具時會困窘，感受一下那感覺……，你感覺到什麼？」

當事人體會到更多的不安與害怕。

（這段引導主要在區辨鐵面人只是主人的一部分，並讓主人體驗「放下」鐵面人特質時的感覺。）

「告訴成員們，說你會不安，也會害怕。挑三位成員，一一到他們面前告訴他。試著以不戴鐵面人的面具來說……允許自己不安、困窘。」

我也提醒當事人在過程中注意自己的身體：「深呼吸，注意你的身體，放下鐵面人面具……我在這裡，我不會讓你受傷。」

當事人對三位成員說完後，對我反映他這樣說時，感覺像是一隻無殼的螃蟹。

我鼓勵當事人停留在這感受中：「就做一會兒那隻無殼螃蟹，感受一下這樣的感覺！」在一段體驗時間後，我請當事人以「無殼螃蟹」的脆弱狀態和成員們互動：「我陪著你，這裡是安全的！」

（處理主人無法以真實的自己面對他人的問題。）

同時，為確認當事人在團體中是安全的，我請所有成員做出承諾：「大家可以保證不傷害他嗎？」得到大家的允諾後，邀請當事人表達自己的需求：「告訴我們，你在這樣的狀況需要怎樣的照顧。」

（要注意當事人的神情，隨時核對他是否聽到諮商師的話，因他處在脆弱狀態。）

當事人表示需要陪伴。我請當事人找一位成員來陪伴自己。當事人邀請了某位成員，他對正在哭泣的當事人說：「我願意照顧你，在你哭泣時拍拍你。」此成員在我幫忙確認可以碰觸其身體後，用手拍拍當事人的肩膀支持他。

等當事人略為平靜，我請他問大家，自己是無殼螃蟹時，大家對他的感覺。當事人特別問到，會不會不喜歡這樣的他？有人回應：「沒有殼的你似乎比較能讓我靠近和照顧。」另一位成員說：「一開始會不太習慣這樣的你，但不會不喜歡。」當事人變得較安心和自在。

我最後提醒：這是新的你，之後，在原本熟識但不認識你的這部分的友人面前，表現這樣的你時，要考慮對對方的信任，或先向對方介紹自己的這部分。

（新的自己，特別是脆弱的一面，若一開始嘗試在日常生活中展現，就經驗到因暴露脆弱面而受傷。這新的特質很快會再躲起來，更不願嘗試出現。這樣的提醒非常重要！）

這個兩極工作，以處理某一極過強、成為主人拿不下來的「鐵面具」的問題。更因此帶出當事人的脆弱面，並使當事人將這部分整合進主體性自我。接納自己的脆弱面，當事人自然可以有彈性地摘下或戴上鐵面具了。

二、小龍女與醜小鴨

㈠兩極各自表述

當事人把要處理的兩極分別命名為「小龍女」與「醜小鴨」。

先是自信、有能力、風趣外向的「小龍女」出現，她和主人的關係不錯。接著「醜小鴨」上場，表明自己敏感、悲觀、沒自信而且依賴。

我問「醜小鴨」對自己的名字有何感覺？以及她存在主人身上多久了？

醜小鴨開始難過起來。我澄清此情緒：「你現在很難過，是想到什麼嗎？」醜小鴨覺得主人總是把她藏起來。

「主人把你藏在哪兒？」醜小鴨回答而且更加難過，身體也縮得更小。我蹲下來和她縮低的身體同高，用眼神和聲音支持她：「你有什麼希望呢？」

（當事人用一般人會有負面印象的名字為某一極命名時，諮商師要特別予以關注。）

醜小鴨繼續訴說自己被忽視的狀況，我反映出她的感覺，並請她在當下經驗此感受。

「你很少感受到別人的關心，連主人也不太關心你。」

「經驗一下不被關心是怎樣的感受。」

醜小鴨以略帶生氣的語調說她希望被關心。

「你是需要被關心的醜小鴨，而主人不知道你有這樣的感受，我聽到你有一點點生氣。」

我說出發現當事人未說出的生氣情緒。

請她試著向主人表達出來：「直接告訴主人！」

（當事人醜小鴨這一極不被主人接納，我以此為處理重點，開始了醜小鴨與主人的對話。）

㈡處理重點

在醜小鴨對主人表達出委屈和不滿後，我又問：「你對主人有什麼幫助？」她認為沒有。「但你一直存在呀！你一直在，一定對主人有些幫助！」醜小鴨不理會我的詢問和提醒，繼續抱怨主人對她的冷淡，以及覺得主人想要拋棄她。

（我試圖引導醜小鴨這一極覺察自己存在的功能，也可以請主人去發現醜小鴨的功能。但當下我感到醜小鴨還想繼續表達自己，所以選擇讓這一極體會自己對主人的貢獻。）

「我知道你覺得主人不該丟下你，因為你是她的一部分。」但醜小鴨表達另一種不同的情緒，她擔心若自己表現出來，主人也會變成和她一樣不被別人關心。

我冒險利用這個部分：「有沒有你出來時，主人身邊有人會關心她的經驗。」醜小鴨表示有過。我再引導：「你猜他們會理你、想跟你接觸的原因是什麼？」但醜小鴨不知道。

本想就這部分讓她和主人對話，但她拒絕。我再請她和另一極小龍女說話。

（原路不通，我轉而去理解兩極間的衝突情形。）

從對話中感覺兩極並非對立，各自有存在空間。

所以我請當事人坐到主人位置。讓主人說說和醜小鴨的關係，並進行對話。（醜小鴨無法體會自己的功能，我只好再從主人的角度著手。）

當事人表達她擔心接納醜小鴨後，小龍女就會不見了。

於是我對當事人提出邀請：「我們來做個小小的嘗試，披著小龍女（當事人是以一塊布代表小龍女），抱著醜小鴨（由一個抱枕代表），感受看看，你同時有個外向的部分，也有脆弱的一面，體會一下！」

（我剛剛已確認兩極之間並非對立，小龍女並不排斥醜小鴨，所以想讓主人經驗她可以同時擁有兩極。）

一開始，當事人覺得這樣很不搭調。我鼓勵她可以慢慢調整，嘗試各種能同時擁有這兩部分的方式。

當事人起初不想要那麼大的醜小鴨，於是將抱枕換成另一塊布，並不斷嘗試披戴兩塊布的不同方式。我等她安置好，請她面對團體，讓同時擁有兩個特質的她現身，與大家見面。並請其他成員給這新的主人回饋。

當事人披著兩塊布重新面對大家時，整個人和之前很不一樣。她為醜小鴨換上粉色系的布。在兩塊布的襯托下，整個人分外柔美，原先強勢的特性也柔和許多。成員們的回應和我的感受差不多，都表示更喜歡她，更願意和她接近。

當事人聽著這些回應，有些不自在和害羞。我核對這部分，她表示很少聽到這類讚美，感到有點不好意思。

我最後回饋：「她們倆第一次被你帶著一起現身，對你而言，這確實需要一些時間慢慢習慣。我還注意到一個很有意思的部分，雖然你叫她『醜』小鴨，一開始覺得不能讓她表現太多。但後來你給了她蠻大的位置，而且我看到好像她愈多你愈美麗呢！回去可以再體會一下這個情形。我想你真的需要調整她在你生活中的分量了！」

（當事人在開始工作時無法接納醜小鴨這一極，而醜小鴨自己也覺察不到自身的價值。我選擇換條路走，讓主人試著「擁有」這不被接納的一極，她真的就能發現醜小鴨的美了。）

這個兩極工作主要協助主體性自我——主人，接納自己原本排斥的一極，並以主人的力量將兩極特質調節、合作，以攜手共同運作。

三、向日葵與玻璃缸裡的魚

㈠兩極各自表述

當事人所要處理的一對兩極，分別命名為「向日葵」與「玻璃缸裡的魚」。

當事人先坐在「向日葵」的位置自我介紹。向日葵表示自己過去一向可以代表主人，但最近主人似乎比較不理他，因為有了「玻璃缸裡的魚」。

（我感到向日葵發展得很強勢，會不管主人而自動出現，也對另一極有意見。幫助向日葵釐清他的角色，他只是主人的一部分，並區辨他和主人的不同，可能會是工作重點。）

玻璃缸裡的魚是個躲在玻璃缸裡，把自己保護得很好，一個人很自在、舒服，但不會和外界互動的部分。因此，玻璃缸裡的魚也不太理會向日葵對自己的意見，反而覺得自己對主人和向日葵都很有功能，可以自我保護。

㈡處理重點

（我感到當事人的兩極各自為政，不太理會主人。向日葵會自動代表主人，不高興現在主人沒有全「靠著」他；玻璃缸裡的魚也很自以為是。似乎是主人本身沒有力量管理這兩極。處理重點需要轉到強化主人的主體力量上。）

請當事人坐到主人位置，試問主人對剛剛兩極各自表述的內容有何感受？當事人情緒上來，流淚，輕聲說：「不知道他們怎麼了！」我回應：「你感覺很亂嗎？」當事人哭得傷心，等他哭了一會兒，再問：「所以你的眼淚是？……是無力嗎？」當事人情緒更強烈，且從椅子滑坐到地上，身體在發抖。

（我判斷這已不是主人，可能是一個「小」當事人，帶著一些不好的過往經驗，必須先即時接觸當事人這個新形成的「形」。）

我陪當事人坐在地板上：「你感到害怕嗎？你正在面對什麼狀況？有沒有畫面出現？」當事人簡短回答一些字句，我陪著他慢慢地理解他的經歷。

當事人想起小時候被兄長排擠，常丟下他的經驗，讓他很害怕，父母忙於生計，沒有餘力處理這樣的情形。當事人說了好幾次：「沒有人要我！」他的身體也愈縮愈小。我提醒他注意自己的身體，並給予同理與支持。

小當事人覺得主人也怕他，好像不知道怎麼應付他，而他自己也不知道希望主人如何照顧他。我回應：「好像主人學了一些方法，但都不能真的照顧你，而你也不知道自己要什麼？」原本想請這個小當事人和主人說說自己的這些感覺，但被拒絕。

（因為時間的限制，我沒有選擇直接處理過去的創傷。準備以強化當事人的力量為主，希望長大而有力量的自己，能學會並願意好好撫慰內在受傷的小孩。）

請當事人再次坐回主人位置，並找一個抱枕代替當事人的內在小孩。我引導主人去看及聽剛剛那內在小孩的存在與心聲。同時多次提醒主人，注意自己的呼吸和身體姿勢。

（當事人剛從弱小的自己回到現在的自己，讓他充分吸收氧氣和展開瑟縮的身體，可以幫助他確實回到主人的身分，並恢復原有的能量。）

當事人表示頭痛，我請他照顧一下自己痛的地方，並再做深呼吸與調整姿勢。感到主人比較穩定下來，並有了些力量後，我請他用實際的動作去照顧內在小孩，並告訴小孩他的感覺。

當事人有些遲疑，但能慢慢地輕拍、擁抱代表內在小孩的抱枕，並說之前不知如何對待他，但之後會努力試著照顧他等等。

最後，請當事人試著安排兩極和內在小孩三個部分與主人的關係位置，並提醒他要用主人的角度來安排，而非用向日葵的觀點。可以慢慢調整，找到主人覺得最舒服的狀態。

（用主人的角色主動整合自己，讓當事人在有主體力量和自我整合感下，準備結束這個兩極工作。）

當事人完成後，讓他再看一下。等他確定後，我回饋：「這是你現在安排的位置，之後若覺得不夠好或在不同的時空，你都可以改變，你可以做決定。記得你是主人，你可以照顧他們、管理他們。他們都是你的一部分，而非全部，你不是他們。」

這是一個強化主人力量的兩極工作。在過程中，當事人內在又有另一個部分自我出現，諮商師要清楚分辨並予以處理與整合。有些工作需要長時間或多次處理，但每個工作段落至少要做到暫時收尾，讓當事人感到有能量，且在當下有自我整合感。

四、小可愛與盔甲

㈠兩極各自表述

當事人要處理的兩極分別命名為「小可愛」與「盔甲」。

先上場的是「小可愛」。小可愛是當事人很重要的部分，很強大，也多以此極面對外界。所以小可愛的表現不但名符其實，也和成員們看到的當事人很相近。

接著「盔甲」上場。盔甲介紹的自己像是當事人的負面情緒，只是在面對他人時，這些負面情緒會躲在一個盔甲之後。我向盔甲澄清是否如我所觀察到的，盔甲表示同意。

諮商師邀請盔甲退下，直接由負面情緒現身。

（情緒不是一個特質，不可能代表某一極。但是我想試一下，是否負面情緒是某特質所產生。若是，可能有機會找出與小可愛真正相對的另一極。）

當事人坐在負面情緒的椅子上開始哭泣，說自己非常難過，主人不喜歡她，不想讓她出現，但又控制不了她。

（我確定這只是當事人的負面情緒，平常被主人壓抑下來，而全用小可愛的部分對外，但這些仍然存在的負面情緒讓主人很受苦。情緒本就是我們的一種行為表現，屬於自己，應該由自己來管理。故決定以對主人本身工作為重點，幫助當事人有力量掌管自己的負面情緒。）

㈡處理重點

請當事人坐到主人位置。我問主人，生活上哪些事讓她有這麼多負面情緒？當事人表示是家庭議題，最讓其受苦的是母親把當事人當成唯一的情緒出口。當事人想逃，不想承受母親的情緒，但又不忍心。

我邀請當事人先擺放自己和母親間的心理距離。當事人拿起兩個抱枕，一個是自己，一個是母親。擺放位置時，當事人嘴裡說：「我要離母親遠一點！」但放的位置並不遠，只是不和當事人面對面。我發現當事人的眼光不曾離開過母親，且露出關心的神色。我反映出這樣的不一致後，當事人開始遲疑，無法調定兩人的距離。

我看著當事人的掙扎，心中浮起一個意象。我告訴當事人，我覺得這兩個代表她和母親的抱枕是疊在一起的。當事人想了想，點點頭，很快就把母親的抱枕壓在自己的抱枕上。當事人表示這是真實的情形，但不是她所喜歡和接受的狀態。

再邀請當事人和母親對話。對話中，當事人體會到自己因承受母親的情緒而感到沉重不已，更逐漸了解母親有其限制，不但不能照顧好自己，也無法如當事人一直期盼的，可以關心和照顧當事人。所以，當事人發展出小可愛的特質來照顧自己（和母親對話的詳細過程和兩極工作無關，不在此詳述）。

（在此對話過程，當事人一旦遇到不想面對的狀況，小可愛這一極就會跑出來打岔。很明顯地，小可愛才是真正的盔甲。因此，處理當事人和母親的議題到一個段落後，需再回頭面對當事人本身的問題。）

讓當事人坐到主人位置，我歸納當事人剛才對自己狀況的發現。問當事人，現在她要如何面對小可愛和盔甲的問題？當事人知道要學習接納自己的負面情緒，當負面情緒出現時，不能太快讓小可愛取代。但當事人也明白這是很大的功課，需要相當的時間和努力。

因為時間關係，在當事人同意下，在此結束工作。

此兩極工作較特別的是轉而處理當事人的母女關係，在那部分有些「完成」。原先想工作的那對兩極，因有些混淆沒能直接處理。但在處理中可以了解到情緒本身不會是兩極中的一極，壓抑我們的情緒或脆弱面的力量，常以討好、強勢、過度理智的特性出現，在兩極處理中要特別注意。因為這是在團體中的工作，暫時無法再對當事人的另一對兩極進行處理。

五、因應生活事件所產生的兩極

㈠兩極各自表述

當事人要處理的兩極分別命名為「奮戰寶寶」與「素蘭寶寶」。

當事人先成為積極進取的「奮戰寶寶」。這是當事人自小就存在的一極。奮戰寶寶覺得主人很喜歡她，只要主人身體允許，就會讓她出來表現。奮戰寶寶很驕傲自己的特性，但對主人無法經常讓她出來感到有些無奈。

我疑惑地問奮戰寶寶，主人的身體不太好嗎？奮戰寶寶點點頭說：「所以，另一個『素蘭寶寶』才出現呀！」

請當事人坐在另一極素蘭寶寶的位置，成為她。素蘭寶寶表示自己很消極，對很多事都抱著無所謂的態度，用隨遇而安的方式生活。

我問她是何時出現在主人身上？她說幾年前主人生病之後。

再問她和另一極以及主人的關係。她以她的無所謂態度，帶點無奈地說：「還好吧！主人也沒辦法，在不舒服的時候一定要我出來呀！那個奮戰寶寶也是，知道這種情況下，她就是沒辦法出來呀！」

（我明白素蘭寶寶這一極原本是被壓抑的特質，在當事人生病後，必須重新出來因應疾病的挑戰。這種情況其實不需要去處理兩極議題，因為這兩極並不衝突，也沒有爭寵的問題。而主人只是需要接納重新發展出的這一極，攜手面對疾病。我想，也許可以試著處理主人自己對此病的看法，以及和此病的關係。）

㈡處理重點

請當事人坐到主人位置，說說自己生病的狀況。當事人述說她發病、治療過程和現在控制的情形。最後說：「我媽很著急，覺得我對照顧自己身體的態度太消極，但我也不知道該怎麼對待它呀！」

我請此病現身，讓當事人面對它，看看它想做什麼？當事人選了一大片地墊代表此病，把它放在遠遠的門邊，對它說了些「請走開，想把你連根拔起」的話；也表達了憤怒、討厭、不想看到它的情緒。

（我沒有選擇讓當事人對此病發洩太多憤怒，也沒有讓她如自己所說，把「疾病」丟掉。因為我知道目前此病還必須和當事人共處一段時間，當事人無法丟掉它。）

我提議：「接下來我想做個小實驗，這對你可能有點難，你先聽聽，如果願意才做。我想讓你成為這個病，以回應你剛才說的。」當事人雖遲疑了一下，仍表示願意嘗試。

（我隱約覺得當事人會發展出素蘭寶寶，是對生病這件事有某種程度的「接受」，即使是出於無奈。我想大膽嘗試，讓疾病自己發聲，說不定可以幫助當事人以更積極的態度來接受和面對此病。）

當事人成為疾病時說：「讓我坐大是你自己造成的，我並不想變大，但我也沒辦法。而且即使我想離開，也走不了呀！我也很無奈，不知為什麼會在你身上，但我其實願意與你和平相處。」

當事人回到自己的角色，表示很驚訝疾病這樣說，但也很高興，這病並不那麼可怕，也沒有刻意要和自己作對。

最後，我請當事人同時帶著這兩極，一起和疾病協商，討論如何積極照顧自己，又能以隨遇而安的態度接受疾病的存在，真正和此病和平相處。

這位當事人的勇敢和智慧，讓我和其他成員都非常感動。和這位當事人的工作，讓我更深刻地體會以下這段話的真義。

上帝
請賜與我平靜的心，
接受我不能改變的事情；
上帝
請賜與我勇氣，
改變我能改變的事情；
上帝
請賜與我智慧，
明瞭兩者之間的差異。

（摘自Kubler-Ross, 1997/1998, pp.173-174）

兩極工作注意事項

一、當事人不願意進行兩極對話

除了當事人沒有空椅法的經驗，會覺得一個人對著空椅子說話很奇怪之外。很多當事人對於一個人分飾內心的兩個角色對話，擔心會造成人格分裂；或覺得這樣很蠢，一定做不來；甚至害怕會說出自己都不敢面對的深層內在矛盾。所以，信任、安全的諮商關係，絕對是當事人願意進行兩極對話的基礎。

另外，諮商師要和當事人說明，每個人的內在都有不同的面向，而且很容易成為對立的狀態。其實，大部分的人都有內在「善良天使」和「邪惡魔鬼」兩者爭戰的經驗；或常見內在有一個聲音想出去玩樂，另一個聲音要求在家用功的經驗。可引導出相關經驗來解釋這種現象，並說明內在拉扯很消耗人們的能量，兩極對話在幫助內在吵架的兩個部分達成協議。這樣解釋後，當事人通常就很容易了解和接受。

二、諮商師常見的兩極誤用

諮商師最常把當事人的兩難困境當成兩極處理。

例如，某位當事人想離開痛苦的婚姻，成為獨立自主的人；另一方面又害怕離婚後，孤單一人及被別人排斥。這兩個矛盾讓當事人難以決定，不斷拉扯。但這只是表面的相對選擇，這樣的兩難抉擇必然是勢均力敵的，讓兩個決定彼此對話，比較像是認知學派裡「平衡單利弊分析」，即使利弊優劣分析得很清楚，對當事人來說仍是難以決定。

真正的兩極處理是要讓代表這兩個選擇背後的兩個部分的「我」來對話。以此個案來說，想離婚的是她獨立堅強的自己；而害怕離婚的可能是內在渴望愛的依賴小孩。若是讓這兩極對話，當事人更清楚看到自己內心相對特質各自的需求和情緒。其中一極特質的需求不見得靠離婚或不離婚來解決，可能有不同的滿足方式。這樣當事人就比較容易跳脫這兩難決定，不但能做出好的選擇，內在兩個相對特質的需求也都可以被接納，並找到適當的方式來滿足。

所以，兩極對話主要是讓內在相對的特質彼此對話。雖然前述提到可以用「內在一個聲音想出去玩樂，另一個聲音要求在家用功」這樣的例子來說明兩極對話，但那只是讓當事人以其有過的經驗來了解兩極的概念。諮商師要明白那只是兩個內在衝突，而非相對的兩極特質。當然，若從想玩又該用功的經驗，探討出當事人積極努力和疏懶貪玩兩個相對特質，就可以進行兩極對話了。

三、兩極處理過程中的重點

㈠兩極需先分別清晰化並以具象物命名

進行兩極對話，通常必須先清楚兩極各自的特性和差異，以及兩極之間的關係。故為兩極命名是很重要的步驟。在命名過程中，不但能重新思考兩極各自的特質，有了具象化的名稱，更能突顯出每一極的特色。在進行對話的過程，有名字可以稱呼，較不會混淆，對話對象也很清楚。

㈡接納兩極的每一極是兩極工作的最終目的

讓當事人的某一極自我接納，或讓「主人」接納這一極，都很重要。畢竟，我們的每個特質都是自己的一部分，少了某部分，人就不完整。所以，即使是自己很不喜歡、不接納的特質，當事人的內心還是捨不得真的丟棄。

我處理兩極的經驗中，有一個很震撼我的案例。

某位當事人很不能接納他的某一極，我努力了很久，還是很難讓他體會到那一極對他的必要。我帶著有點挫折的心情，決定下猛藥。我告訴當事人，既然你那麼不喜歡這一極，那我要把他帶走了。我慢慢地去把代表那一極的抱枕拿起來，準備帶走。當事人很不安的看著我，當他發現我真的要拿走他的這部分，他竟著急起來，很快一把搶回我拿走的抱枕。他緊緊地抱著那個抱枕，彎下腰去哭了起來，口中喃喃地說：「我不會讓你拿走我的這個特質，他是我的。」等他稍微平靜下來，我再讓他與此特質互動，他竟然可以接納了，並深刻體會到那是他不可分割的一部分。

㈢處理兩極，通常最後要強化「主人」的力量

幫助當事人——主人「增能」（empower），是兩極工作的另一個重點。（增能技術詳見第九章）

只有主人有能量，才能真正接納自己的兩極特質，並以慈悲心去照顧和管理它們。

㈣利用一些具象化的輔助工具進行兩極工作。（具象化方法詳見第九章）也可運用書信方式進行兩極對話，或主人分別與兩極對話。

波爾斯所創的完形治療學派，對兩極化概念應用在實務工作上的部分著墨不多。當我進入諮商領域不久，就發現自己內在的矛盾與衝突，甚至斷裂，很是折磨我，是我從事諮商工作最需要處理的功課。有一次在王天興諮商心理師所帶領的工作坊中，經驗到類似兩極議題的處理，感到對自我整合這個重要的成長目標有了著力點。

而且，在我的諮商與相關教學工作中，體會到成長於「相互依賴文化」（相對於西方的「獨立性文化」）（引自Smith & Mackie, 2001, p.126）或說「人際取向文化」下的我們，社會化的程度較深，以致「他人眼中的我」與實際我（actual self）的差距自然較大。所以我們內在兩極的拉扯特別強烈。且因過度重視人際關係和他人的眼光，主體性自我也常處於失能狀態，掌管不了複雜、紛亂的內在王國。

接受完形諮商訓練後，我試著運用完形理念，發展出適合處理兩極議題的工作方法。本章內容是我這幾年來經驗的呈現，希望能為自我整合這個議題，提供具體、有效的工作模式。

第九章 完形諮商的運用與常用的實驗活動

諮商師要引導當事人在此時此地體驗其未完成事件或逃避策略，經驗與自己內在或他人做真正的接觸，必須要為當事人量身訂作適合他的「實驗」活動。於是完形取向的諮商師要增進自己諮商功力的方式，不是努力學習各種「諮商技術」，而是對完形諮商的理念、對人的發展、人格、社會心理的理論知識有透微的了解，融會貫通，才能真正成為一位勝任且有效能的完形取向諮商師。

一般學習諮商的人很容易覺得完形諮商有各式各樣有趣的方法。介紹各學派諮商理論的書中，論到完形諮商通常也會羅列不少獨特的「技術」。甚至批評此學派的論述中，會警告完形取向的諮商師一不小心容易淪為玩弄技術的人。

但完形諮商創始人波爾斯曾說：「完形諮商並沒有任何『技術』！」我以自己的經驗也附合此說法。完形諮商是一種高度創意的工作，諮商師可以充分發揮直覺，運用所有當下的突發奇想而能幫助當事人去親身經驗的方法。因此，嚴格的說，完形諮商並沒有所謂的「技術」；若是有，我認為只有「空椅法」。

專業領域的同行會對完形諮商有此誤解並不足為奇。因為完形諮商會創造很多「實驗」和「體驗性活動」，運作上確實好像有各樣變化多端的方法和技術。

前八章已清楚說明比較重要的實驗和體驗性活動的理論基礎和運用方式，本章當然不是介紹一般的「技術」，而是說明之前尚未討論到關於運用的問題，並補充增能、具象化及覺察練習三種方法的應用。

運用完形諮商的相關議題

一、逃避策略的處理

完形諮商中，接觸循環圈無法順利運行所產生的各種逃避策略，是阻礙人們覺察的關鍵因素，故處理逃避策略是很重要的工作。

我從工作經驗中發現，當事人之所以發展出逃避策略，和其自信及自尊狀態有互為表裡的關係。

缺乏自信與自尊的人，經常不敢或無法表達內心的渴望，卻會把這些渴望當成一次次自我價值的試煉與考驗——若我在關係中真的有位置，值得被尊重、被愛，你們就該知道我的需求，而會主動滿足我；若沒有，那就證明我的不好和不被愛為真。在解讀別人的行為和反應時，也容易扭曲，認為他人是在表示比較不重視我、不想理我、想趕我走。當這些不滿累積到一定程度，就真的會用力地把身邊愛他的人推開，或讓身邊的人誤解他的原意，以為他不要這些陪伴與愛，或因為被他推走而受到傷害。這樣的困境會惡性循環，愈滾愈大，當事人愈發痛苦不平，扭曲得更嚴重，自尊更低落。

從各個逃避策略的運作來看：「解離」是放棄自己的各種基本感覺；「知覺扭曲」是不相信自己的感官真正地覺察；「內攝」是囫圇吞棗地接收別人的規則與要求，不但沒有自己，更可能吸收別人對自己嚴苛批判的內容；「投射」是不接受自己而轉移到外界與他人身上的現象；「自我中心」是不相信自己已得到滿足，仍一直處在感覺無法滿足的狀態；「混淆」是根本沒有自我界限，和他人區分不清的一種狀態。上述都是缺乏自尊與自信的表徵。

所以，自信可能是清明覺察的核心。缺乏自信則難以清楚覺察，包括自己的內在需要。低自尊，如何能重視自己的需要？反之，處理了逃避策略，人們可以覺察到自己的真正需求，以較不閃躲的方式來面對。當我們的需求順利被滿足的經驗增加，信心與自尊也會隨之被強化。

人們可能發展出多種的逃避策略，也習慣以某一種逃避策略做為因應生活的核心。不同的逃避策略處理方式也不同，諮商師要了解當事人最常使用的逃避策略為何，給予最適切的處理。例如，當事人因不願順從父母的要求，被父母嚴厲處罰後，被迫接受這些要求，便容易產生回射的逃避策略，需要釋放心中積壓許久對父母的不滿情緒。

若當事人自己敏察到父母的期許，以為必須默默吞忍這些期待而服從父母的要求，可能會使用內攝的逃避策略，則需要吐出這些吞下去的規則，重新為自己安置合宜而彈性的規範。

如果諮商師不理解當事人的核心逃避策略，就急著去處理，反而會因未能對症下藥造成反效果。

㈠「混淆」議題的處理

以當事人與其母親未清楚分化而產生混淆逃避策略為例。表現在外的問題可能是當事人和母親緊密糾結的關係。然而完形諮商並非處理當事人與母親的黏膩關係，而是著重在分辨當事人和母親的不同；畫出當事人的自我界限，讓當事人能與母親分離，成為獨立的個體。

首先，讓當事人把對母親的情緒充分發洩出來。人就會變得比較柔軟，比較自由、放鬆，才適合進行區辨人我的工作。

同時，當事人也要了解愛母親不等於全然認同母親，仍可以擁有獨立、有個性的自己。實際作法可以突顯當事人愛母親的部分，讓當事人安心於自己對母親的愛，再進行區辨自己和母親的不同。

在區辨人我上，第一步可請當事人具體說出自己和母親在各層面的不同。剛開始當事人若沒什麼發現，諮商師可以點出一些明顯的差異。例如「說說你和母親求學經驗的不同」；「說說你和母親長得不一樣的部分」；「說出你和母親面對事情不同的態度和處理方式」，並請當事人一一舉出明確具體的例證。

我自己在處理和父親的混淆時，諮商師曾問我：「你以後想和父親一樣，過他現在的這種生活嗎？你想要有什麼不同？你要怎樣才會有不同於父親樣貌的人生？」這些問題有效地把我從和父親的混淆中分化出來。

最後，利用空椅法讓當事人和母親對話，說出對母親的愛和感謝，也要表達自己和母親是兩個不同的個體，當事人必須過著屬於自己的人生。

當事人獨特的自我主體性清晰了，就會慢慢地生出自信；自我肯定得到改善，才可能實際調整生活中一些行為的因應方式。

某位當事人和母親混淆，把母親對他的憂慮全都收到自己身上，產生高度焦慮和憂鬱。諮商師幫助當事人進行上述的過程，分辨他和母親雖有些相似，卻也有很多不同。

此後當事人開始覺察出自己的部分憂慮其實是母親的，並學習將自己和母親的憂慮區分開來。當事人因而有了新的覺察，能為自己的感受和行為重新選擇。當事人後來面對母親對他的某些決定或規劃擔心時，能理解那是母親的情緒，他已仔細考量過，不會如以往般因母親的情緒而自亂陣腳。

於是當事人的焦慮與憂鬱程度大為減輕。當母親很憂慮時，當事人還可以關心、陪伴她，但不必為她的情緒負責，或把她的情緒放在自己身上。

㈡「內攝」議題的處理

> 如果我們是根據我們所內攝的來生活，我們的行為很可能是模糊而沒有色彩的，我們的圖像若不是根據我們自己的羅盤，那麼就會失去自我引導式的機靈與確定，在別人看來我們變得似乎不再真實，而我們也的確如此。（Nevis, 2000/2005, p.42）

在內攝的處理上，諮商師要先和當事人一起尋找，一直以來哪些內攝進來的規則、要求、教條等，不斷鞭策著當事人。下一步當事人要能夠看見自我鞭策的內攝來自何處。找到囫圇吞棗進入的內攝提供者，才容易跟這些內攝的內容分開（但這個步驟並不容易，當事人常常內化得很完全，覺得「就是我的自我要求」，無法也不願去看清其源頭。所以諮商師要耐心地陪伴當事人探索。請當事人平日進行相關的自我覺察和記錄，可能有所幫助。）

一旦當事人理解內攝是把重要他人的期待和要求吞進去，並非自己訂下的自我要求，諮商師即可幫助當事人將這些內攝還給原提供者。在此之前，必須讓當事人覺察自己的力量；也就是說，現在自己不會因為害怕提供者的權威而必須遵照內攝的規則而活。當事人可以自行選擇不同於過去內攝內容所要求的作法。

我常以類似下面這段話，引導當事人進行冥想或空椅對話。

「感謝○○（內攝提供者）你之前給我的這些『教導』，像是……（舉一兩個實際的規則）。我也曾因遵循這些規範，在成長過程中獲得不少助益。但現在我長大了，這些規範有些已不太適合，所以，我要把它們還給你（或你們）。請放心，我依然會參考那些規範建立最適合自己的人生規範。」

進行此活動時，當事人必須體會到自己已是獨立個體。若當事人還不足以面對與此內攝提供者切斷臍帶，則需先處理個體化的議題。

二、當事人有了新的理解與頓悟之後

當事人因體驗而有了新的頓悟，有時並未真正完成諮商。從完形諮商的觀點，「頓悟」需是當事人在諮商師提供的「實驗」中，因親身經歷而使其自身體悟的一種體察，才能成為行為改變的必備條件。但是，古典完形諮商卻忽略此頓悟式的體察要類化到實際生活的行為改變上，會有「實踐」的困難。亦即，頓悟不是改變的充分條件。

當事人有了頓悟卻無法調整實際的生活，是因為多數當事人生活上原有的不利條件和嚴峻挑戰依然存在，身邊的重要他人也依然如昔；尤其，當事人之前已習以為常的生存法則與因應模式會自動化地運作。因此，只要生活上遇到一點新的困難或問題，就很容易拉扯當事人退回到原來不適應的模式裡。特別是原有的因應模式和上癮行為有所關聯。

如在第二章提到，酗酒者以喝個爛醉來逃避生活的各種困境，若未經更多有效行動策略的處理，甚至嚴格的酒精戒斷處遇，當事人很容易再以喝酒來應付生活的挑戰。那不就印證其他學派對完形諮商的批判：完形諮商只能協助一位酗酒的當事人成為承認自己酗酒的酗酒者。

> **人際歷程取向不認為行為改變造成覺察，或者，覺察造成行為改變。**（摘自Teyber, 2000/2003, p.340）

所以，我認為諮商師仍要注意諮商最後階段的工作——陪伴當事人在生活中，一步步努力實踐新的領悟，學習在遇到挫折和艱難挑戰時，如何運用新的因應方式。即使當事人已有很好的覺察與體悟，新的行為模式要取代過去為生存而發展、且行之有年已成習慣的行為模式，仍是一個非常艱難的歷程。諮商師千萬不可忽略諮商中的行動階段，否則諮商成果將功虧一簣。

當然，有些當事人有能力獨自面對這個實踐歷程，或當事人原先不利的環境已不存在，或環境及關係人已隨著當事人的改變而改變，那麼當事人在得到新的領悟後，諮商即可結束。

完形諮商的行動階段包括五個部分，依每位當事人的狀況進行其需要的部分即可：

1. 當事人用新的眼光去看世界，以新的觀點理解自己與外在環境後，諮商師要與當事人討論，新的生活方式與過去的實際差異為何。藉此協助當事人轉化頓悟為清晰、具體和新的因應方式或行為模式，或重新做出選擇。
2. 當事人在生活中嘗試新的作法與進入新的選擇時，諮商師提供足夠的支持，讓當事人有力量面對因改變而產生的新挑戰。

3.有些當事人需要進一步詳列可執行的行動計畫，並考量在生活中施行時可能遇到的挫折和挑戰。諮商師要與當事人一起討論。

4.幫助當事人接受自己和環境中既有的限制。

5.諮商師能協助當事人強化對其內在能量的掌握與運用，並整合內、外在的資源。在生活中實踐新的頓悟，需要長時間的調適，不可能都在諮商過程中進行。畢竟諮商師仍舊是一種外在支持，當事人最終要學習的是自我支持。諮商師要有智慧去判斷何時是結束諮商的恰當時機。當事人已能自我負責，有力量支持自己，諮商師就該及早放手，讓當事人獨自展翅高飛。

三、處理當事人的移情

原則上，完形諮商不刻意促成當事人的情感轉移，更不像精神分析取向會利用當事人的移情來工作。

完形諮商是運用空椅法，讓當事人和代表與他有情感糾結重要他人的空椅對話。不會由諮商師自己扮演當事人的重要他人，就是要盡量避免發生移情。

但在諮商過程中，當事人確實很容易將情感轉移到諮商師身上。完形諮商師要敏銳地覺察出當事人的移情狀態，並立即在當下處理，以協助當事人及時看清自己的移情現象，並連結當事人需處理的核心議題。

我以自己移情至諮商師身上，被即刻處理的例子來說明。

那是我參加完形治療師訓練課程中，一次連續四天的工作坊。帶領者是位男性的外國專業訓練師。最後一天下午，治療師要帶大家進行冥想畫的活動。我突然感到很生氣，覺得時間寶貴，為什麼要用來畫畫，根本是浪費時間、學不到東西。當時我有個念頭：帶領者想偷懶！

那時我尚未整合內在的憤怒能量，掙扎著要不要表達出我對治療師的不滿。但這次工作坊的主題正好是覺察內在深層的需求和情緒，學習勇於自我表達。於是我鼓起勇氣表達我不想畫，想學更多，覺得畫畫很浪費時間（我一向是乖學生，不敢真的質疑老師是否想偷懶）。

治療師溫和地叫我坐到他面前，要我好好地看著他。一小段時間後，問我看到什麼？我忽然覺得他很像我師專時的美術老師。我告訴治療師我的想法。他再問我和那位美術老師的關係。我突然明白我生氣的是那個常讓我們自己練習畫畫，不給任何指導，還曾拿著我的畫在全班面前批評得一無是處的美術老師，而不是這位治療師。

因為團體要繼續進行，治療師只讓我清楚描述出他和美術老師的不同，並沒有深入處理我對美術老師的憤怒，但已化解了我把對美術老師的情緒轉移到他身上的問題。我能夠開心地參與畫畫活動，不再覺得這是個浪費時間的無聊活動。那天，我畫了一個很美的寶藍色花瓶，畫出自己美好的質地。

諮商師在處理移情議題時，不會刻意戳破當事人對諮商師情感轉移的狀態，也避免為當事人所表達的內容解釋其隱含的意義與情感，更不必向當事人說明情感轉移的臨床和學理意義。

重要的仍是讓當事人經驗自己當下的處境，覺察自己真實的感受和情緒所在。

處理移情時要盡量在此時此地進行，諮商師若沒有及時覺察，錯過時機，只好暫時放下，等待下次出現時再處理。若出現移情就不容易自動消失，常會在其他時刻再次顯現。

諮商中同樣常見正向的情感轉移。例如，渴求從小缺乏的母愛，轉成對諮商師的情感依附。諮商師也要立即加以處理，分辨出當事人對母愛的渴求，針對一直缺乏母愛的議題處理，重點不特地放在處理已被影響的諮商關係。基本上，完形諮商相信，處理了當事人和重要他人的情感問題，諮商關係就能恢復正常。當然，諮商師若多次錯過處理當事人的移情，諮商關係可能已受到影響，還是需要直接面對諮商關係的處理。

諮商師要如何發現當事人產生移情現象？最清楚的線索就是當事人對諮商師產生情緒。除了諮商師明顯做出讓當事人生氣的事，絕大多數當事人對諮商師的情緒都有移情成分。

四、處理當事人的抗拒

完形諮商不認為有所謂當事人的抗拒，當事人的「抗拒」本身就是一個該協助的議題。通常是當事人當下無法清明覺察，或說不出來、無法面對的待處理問題，以致當事人表現出拒絕諮商師或抗拒諮商。所以，當事人只是以抗拒的形式表現心中的焦慮不安。諮商師要接納當事人的害怕，給予充分的時間和支持，讓當事人能表達出內在的擔憂，或對要進行的活動為當事人預做心理準備。

另一方面，若抗拒主要顯現在拒絕進行諮商師邀請的體驗活動，諮商師要檢討，是否諮商步調太快，引起當事人的「抗拒」。完形諮商以當事人的親身「經驗」為主軸，對當事人是個很大的冒險，就像要走上懸掛在半空中的鋼索。若尚未幫助當事人建立周全的防護設備，過早邀請當事人進行體驗性的實驗活動，由於人們本能上都具有自動化的自我保護機制，擔心可能在走鋼索的過程中摔死，任誰都會抗拒諮商師的邀請。當事人需要看到鋼索下有堅固的防護網或足以撐住他的軟墊。至少當事人身上要戴著不致讓他墜落的保護繩，才會有勇氣體驗。

所謂好的防護設備，最重要的當然是良好的諮商關係。建立諮商關係最關鍵的有兩部分：一是在之前的諮商過程，每當當事人即將被湧現的情緒淹沒時，諮商師都能適時、準確地接住，不會讓他受傷過重；另一個是使當事人感受到自己的主體力量，相信自己有自救的能力，即使掉到谷底也能慢慢爬上來。

所以，當我遇到當事人拒絕我的邀請（經常碰到），從不認為那是當事人的抗拒，我了解並接納那是他的害怕和擔心。我會試著換個較不具威脅性的實驗，或再次檢驗我們共同建立的防護設備，或減慢速度（具體的作法見第六章），諮商就能繼續進行。

五、面質技術

完形諮商經常使用到面質技術，用於挑戰當事人沒有察覺到或不願意面對的不一致或矛盾。這些不一致或矛盾都是阻礙當事人清明覺察、造成當事人內在的衝突與掙扎、逃避真實的自我、放棄自己的選擇權等等的源頭。透過面質技術能直接迫使當事人看清自己的困頓，願意承擔起自己的責任。

完形諮商非常重視當事人的非語言訊息，常能從中發現不一致和矛盾之處。有時是非語言訊息和語言的不同，例如，「你說你一點都不在乎，但是我看到你這樣說時，眼角泛出淚光。」、「你說的事情讓人很難過，但你有沒有注意到，你是笑著說的。」有時是各個非語言訊息間的差異，例如，「你雖然在笑，但我發現你臉部肌肉繃得很緊。」、「我看到你上半身是輕鬆自在的，但下半身卻緊繃到無法動彈。」

當事人也會在口語陳述中間、說與做之間、想達成的與實際行動間，產生不一致和矛盾。例如，「你上次說你很恨他，不想再見到他，而現在你說你離不開他。」、「你說你決定要好好照顧自己的身體，但卻依然熬夜和喝酒。」、「你很希望自己考上研究所，卻一直難以重拾書本。」

有時，諮商師對當事人所說的感到困惑，雖不是全然不一致或矛盾，但就是覺得有點問題；或諮商師無法理解當事人的邏輯。此時也可運用面質來挑戰當事人。例如，「你明明知道應徵的幾個工作各有利弊，不可能兼具你所期待的條件，卻說一定要找到理想的工作，實際上你又急著要有份工作，到底該怎麼辦？」、「你好像就是要找到『對』的選擇，但即使得到充分的資訊，你似乎也不相信那一定是『對』的決定，到底怎麼回事？」

面質是完形諮商的重要技術，因為我們希望利用此技術單純呈現出不一致現象，當事人需要自己去面對這樣的不一致與矛盾。我們不會對其矛盾加以解釋或推論原因。

有人擔心用太多面質，諮商師會變得很犀利，好像都在抓當事人的錯誤。我不認為如此，我想應是運用的態度和說法上的問題。我經常使用面質技術，但很少當事人會覺得我是在抓他們的毛病，或有被逼迫的感受，即使在諮商初期使用也一樣。

使用面質技術時，諮商師必須基於對當事人真心的關懷，純然為了當事人的利益，目的在協助當事人有機會看到自己的矛盾與逃避。絕不可摻雜一絲諮商師個人爭勝或權力競爭的需求（有些諮商師在面質當事人的矛盾現象後很得意，覺得自己很厲害，能看穿當事人的掩飾伎倆。這雖是人性的一部分，但以此心態去面質，有違諮商倫理）。另外，應以關懷的口吻表達，而非批判與指責。

在關係不夠穩定時運用面質，我會加上當下我自己的感受，或者同時同理當事人矛盾現象背後不得已的情緒。例如，「你說你一點都不在乎，但是我看到你這樣說時，眼角泛出淚光，讓我為你感到很心痛。」、「你說的事情很讓人難過，但你卻是笑著說的。強壓著難過的情緒，你心裡一定更苦。」這樣的面質已類似高層次同理，不但減少面質技術的挑戰性，更增加諮商師溫暖的支持。

完形諮商常用的實驗活動

一、增能的方法

前述提到，在諮商中建立好的防護設備，讓當事人有勇氣重新經驗過往的創痛，其中之一是使當事人感到自己的主體力量，相信自己有能力自救，即使掉到谷底也能慢慢往上爬。我也一直認為，諮商的終極目標之一，就是幫助當事人增加自我效能，感覺自己是有能量、有價值的人。所以，增能（empower）是完形諮商很重要且常用的方法之一。

另外，當事人在接受諮商期間，仍生活在自己「習慣」的現實世界中。在諮商室裡，當事人打開塵封已久的沉重包袱重新整理，走出諮商室依然要和生活中原本就存在的挑戰、壓力奮鬥。所以，每週當事人要走出諮商室時，必須暫時收拾好剛剛展開的苦難包袱，帶著諮商過程中被諮商師增能的力量，才能繼續好好生活。

而諮商師要幫助當事人增能，首先必須堅信人天生具有潛能，及向上成長的力量。有如此堅定的信念才能做好幫助當事人增能的工作。

我習慣用的一些增能方式如下：

㈠讓當事人自己經歷成功經驗

有一次，我督導的諮商師分享了她歪打正著的一個成功經驗。

「這位當事人說話很快，而且常沒啥邏輯的變換主題。這次，他花了一段時間說了不少事後，自己停下來表示，好像很沒頭緒，說到的幾件事好像有關，又看不出關聯在哪？「我當時也聽得相當混亂，但又不好意思直接回應，我根本沒聽懂，更別說聽出什麼關聯性了。只好硬著頭皮說：『你是一口氣說了好幾件事，我想你會接連提起這些事，確實可能它們是有關聯的。你要不要試試看，想想這幾件事的關聯性，以及和你這次來談的議題之間的關係？』沒想到當事人開始認真地想了一會兒，試著說出這些事情之間合理的連結，說著說著，更發現這些事件根本就是現在他人際困境的主因。

「當事人非常開心地對自己下了評論：『我的老師常說我說話沒邏輯，歸納、推理能力很差。我覺得我並沒他說得那麼糟嘛！至少，我認真想想自己的事，也能理出頭緒。我以後要慢一點，多想想。啊！說話也太快了，對不對？你以後可以隨時提醒我。我猜說話快也和我的人際問題有關吧！別人可能因此沒聽懂我的意思，就很難互動了，你說對嗎？』真神奇！我什麼也沒做，當事人不但自己理清了他的問題，還增加了對自己正面的看法。」

的確如此，諮商師的「無能」或「無知」常給了當事人機會去突破他的困境，發現自己問題的關鍵，並經驗到自己也擁有歸納整理的能力，增加對自己的信心。尤其，當事人發現自己的缺點和問題時，改變的動機最強，成功的機會也比較高。若是由別人指出來，通常人們會有所防衛，或逃避在「可是……可是……」的煙霧彈之後。

方法看似簡單，但對諮商師而言卻不易做到。諮商師受到深厚的理論與方法的專業訓練，很快就會對當事人的問題形成假設或概念化，能輕易地幫當事人看到關鍵因素以及事件的因果關係。要忍住不說，不能享受洞燭先機的成就感，實在不符人之常情。可是，諮商師太高明，相對地當事人就失去自己試、自己做的機會。

二〇〇八年底參加塔克・費勒（Tucker Feller）博士三天的完形治療工作坊，他一開始就開宗明義的說：「完形治療強調，諮商師最重要的就是堅持兩個原則，一是『言行一致』，二是『無知』。而且，永遠不要比你的當事人還努力！」在他帶領的團體裡，真的深刻地領會到：在諮商過程中，所有鎂光燈都聚焦在當事人身上，諮商師只是個站在一旁的陪襯角色，要做的只是突顯出當事人的能量和美麗！

㈡找出當事人過去曾擁有的內在、外在支持力量

我一直相信，人能存活一定擁有一些支持的力量，至少是他自己的力量。在重現支持者或支持物時，我也會配合具象化的方法，讓當事人尋找具體的東西代表這些支持力量。具體的東西較能真實地經驗「擁有感」這重要的力量來源。

以下案例說明幫當事人找出曾擁有的力量的過程。

這位當事人原本希望處理內在過強的自我指責聲音，這聲音常把他批判得一無是處，讓自己陷入憂鬱狀態。我問他指責聲都說些什麼，當事人回應小時候常被父母、姊姊們嚴厲責打，自己的表現向來也是最差的時候，他開始嚴重腹痛。我立即先照顧他腹痛，讓他舒服地平躺下來，調節呼吸。等他好些，我問他要停在這裡或想繼續，當事人仍想繼續，但表示感到很累、也很無力。我決定找出過去支持他走到現在的力量，做為當下的工作重點。

我請現在已成為某領域專業工作者的當事人回顧，從小是哪些力量支撐他走過來，包括人或事物，並以抱枕一一代表。當事人每拿一個抱枕，說出那是什麼力量，我會請他抱著抱枕，感受這力量的力道，好似這力量重新進入他的內在一般。最後，我請當事人把他拿的六、七個抱枕都放在自己身上，當事人將它們圍成一個堡壘，感到在它們的支持下，自己也重新燃起希望和擁有力量。

㈢找出當事人的理性力量

人之所以會失去理性力量，通常是因為那股力量被情緒所淹沒。情緒基本是由人的原始腦（相對於人類優於其他動物特別發達的皮質腦）所掌管，情緒的作用是在保命，所以力道很強，且必須以自動化的方式運作。情緒強烈時，會抑制皮質腦的思考、判斷等理性功能。再加上情緒狀態下的生理激動，人會同時經驗到混亂和失控的感覺。

要找出人的理性力量，必須先處理情緒。傾訴、哭泣、空椅法、適宜的肢體宣洩等，都是釋放情緒以逐漸恢復平靜的方式。（情緒處理詳見第五章）

不過，諮商的時間有限，有時無法充分處理情緒，需要用其他方式幫忙當事人找回理性的力量，以期在結束諮商時順利收拾起包袱。我經常使用下面兩種方式：

1. 讓當事人站出來，成為旁觀者，以客觀角度觀看自己，並提供建言。有時，我還會賦予這位旁觀者一個有力量的角色，如諮商師、智慧女神或老人、冷靜的智者、先知、大地之母、當事人心中的好老師等（視當事人的背景、年齡、當下狀態而定）。

2.詢問或告知當事人他現在的實際年齡，和實際生活中擁有的職位、能力和優秀表現。例如，當事人在現實生活中是位稱職的母親，她在諮商中處理自己幼年時被遺棄的經驗，而陷入無力和痛苦中。我讓她思考她平日是位細心照顧小孩、很愛孩子的母親，請她嘗試用母親角色的力量疼惜弱小的自己。

另一位當事人是三十多歲的成年人，面對小時候經歷的恐怖事件，陷入極大的恐懼中。我讓他體會自己現在的年齡，三十幾歲且身強體健的他，有能力因應小時候的攻擊，也有足夠的方法保護自己。

通常，當事人親身經歷這發自內心的理性力量，會感到信心增強，及自己是有能力的。我經常讓當事人在擁有力量的感受上多停留一會兒，並提醒他注意當下身體的實際感覺，且記住這樣的感覺。之後若生活受挫，也可試著讓這感受再現。

㈣借助具神奇力量的具體物品，或建造一個當事人想要的空間或代表物

一些象徵具有神奇力量的物品，能為當事人提供很大的支持與能量，即便是對成人。例如，第三章提到諮商師用一枝「神奇的筆」，畫出一個可以暫時存放傷痛經驗的空間，幫助當事人暫時離開過去可怕的經歷，恢復正常的能量。我曾利用一根仙女棒、一件能量披肩，使當事人感到被賦予能量。

當然，那些都是尋常的原子筆、小木棒和披肩，它們的力量是諮商師當場「加持」的。諮商師要充分發揮自己的創意。

曾有一位當事人覺得自己有太多痛苦的經歷，很怕在諮商中談起這些經驗，會強烈干擾他離開諮商室後的日常生活。經過討論後，我找來一個很漂亮的盒子，由當事人寫下一張張需要處理的議題，把這些紙張存放在盒子裡。每次諮商開始，我們會打開盒子，取出這次要談的一、兩張議題開始工作。結束諮商時，舉行把困境歸位的小小儀式。當事人還會重新排列那些困難議題的次序，似乎放進盒中藏起來，這些傷痛就不會在生活中作怪了。當然，那盒子存放在諮商室裡。

若進行團體時，時間、空間較為充足，我會讓成員為自己建造屬於個人的理想「窩」，可以在裡面獨處、邀請他人一起分享，或到別人的地方拜訪。自己建造個人空間，能強化人們的自主性與掌控性，並明白個人領域的界限。在團體中進行，還會撞擊出邀請、拒絕等人際界限的議題。建立良好的界限也是讓人感受到自我力量的條件之一。

㈤運用負責的語言形式

第二章已討論過完形諮商重視語言表達的形式。調整成為負責的語言形式，能強化當事人自我負責的能力。包括：大聲、有力地重述一些當事人所說激勵、承諾性的句子，或向他人重述一些有力的字句；改變當事人「放棄責任」的言語為負責的說法，例如「我不能（我不會）……」改為「我不想……」；「別人說（有人說）……」改為「我說……」；將疑問句改為肯定句等。

㈥經驗身體的力量或提供身體支持

在諮商中可以利用呼吸、冥想、身體動作等，來體驗自己的力量。我經常帶團體成員進行的活動是：「請大家穩穩地站著，閉上眼，把呼吸調整得更深、更慢……想像自己是一棵大樹，根扎得很深，能充分吸收大地的養分；枝葉長得很茂盛，可以接收陽光、雨水的滋潤。並停留在這樣的經驗中，享受天地的滋養。」這活動會帶給大家充沛的能量感。

單純讓當事人站起來，會比坐著、蹲著更有力量。站起來再擺出很有精神、很有力量的姿勢，也是一個直接感受自己力量的簡單方法。

有時，在徵得當事人同意下，諮商師可以提供一些肢體上的支持。我常做的是用手撐住當事人的背或扶住當事人的肩膀。

有一次在團體結束時，我正帶著所有成員比肩圍成圓圈，一位當事人無力的蹲在地上，哭得很傷心，表示不願意靠著別人，別人會撐不住她。我靈機一動，用肯定的聲音告訴她：「你不想靠著別人，因為你不相信別人能支持你。但現在請你站穩，是你旁邊的人需要靠著你，你能不能去支持他，讓他來靠著你。」她竟真的抬起頭，以詢問的眼神看著身邊的夥伴，夥伴很自然的告訴她：「我需要靠著你！」當事人慢慢站了起來，我請她同時調節呼吸，當她站穩，淚水也就止住了，也能和大家一起並肩站立。

二、具象化方法的運用

重視實際體驗的完形諮商，諮商師必須幫助當事人在此時此地真實經歷。我個人覺得把許多抽象經驗具象化，是促進體驗活動有效進行的好方法。不論是想像一種具體形象來譬喻某種經驗，或是以現場有的各種器材、物品來代表抽象經驗，都很有力道。親眼看見，有時更可觸摸得到的臨場效果，和只是以語言形式呈現，很不一樣。

在第五章到第八章，關於情緒處理、空椅法、夢工作和兩極工作裡，都可以看到具象化的應用方式。此處再介紹其他運用具象化的案例。

在一次受虐兒的團體諮商中，我們進行「實體畫」的活動（將孩子身體的實際尺寸描繪在大海報紙上，再請孩子裝飾自己的畫像，畫出想要的模樣和打扮）。每個人完成作品後，我們將畫一一貼在四周的牆上，大家一起觀賞、討論和分享感受。

一位很退縮、常受同儕欺負的孩子，在自己的自畫像前駐足許久，然後抬起頭來，緩慢但堅定地說：「我長得蠻高大的嘛！」我看到他的眼睛發亮。平日的他沒有信心、被人欺負，自我形象也就隨之矮化。不論老師、社工如何告知、勸慰，都起不了作用，因為他真實的生活經驗就是如此。但經過活動前的催化，再看到自己的實際模樣，他才有機會修正自我意象。

在另一個成人團體裡，一位成員述說著自己經歷的一些不愉快的人際經驗。他痛苦地說：「這世界充滿尖銳的刺，我總是被刺得遍體鱗傷，真想逃離這可怕的環境，或讓自己消失……」我請他環顧整個團體室，找一樣東西來代表這個帶刺的世界，我原本想讓他和這樣的世界對話，看看能否經驗到一些不同的感受。

他選中一個帶刺的橡膠球，那是可躺在上面做伸展運動的大球。當他把球拿到面前，我請他先試著和它接觸一下，他帶著害怕的表情，小心翼翼地摸了摸球身上的橡膠刺。突然間他愣住了，驚訝地繼續摸著球。然後，他閉上眼，認真地撫摸著球，不斷地流下淚水。整個團體都被眼前的景象震撼到鴉雀無聲，專心陪著他。過了好一陣子，他止住了淚，睜開眼望著我說：「我沒想到，其實這刺是柔軟的，它根本不可能傷我，我似乎被之前的受傷經驗蒙蔽了，以為周圍都是會傷人的刺，所以躲開人群、憤世嫉俗。原來是我自己築了帶刺的城牆，為了防人，真正困住的卻是自己。」

那是一個感人又神奇的經驗！當然，這位成員在之後的生活中還要調適很多事，但帶著這樣的領悟，就像是摘下墨鏡，看世界的角度已完全不同。

在另一個團體裡，一位成員提到他有一個特別的經驗，幾天前在某小型會議場合裡，他因疲累而恍神，不知是作夢還是怎麼，突然說了句沒有前後脈絡的話：「要他弟弟把刀子收好，免得他去殺人。」會議中的夥伴都很驚訝與不解。

我請當事人再次描述過程，並說出這句話去慢慢體會。當事人這樣做時，表示腦中閃過一個意象：自己躺在某處，刀子在中間，另一邊是被殺的東西，但那東西影像模糊，不確定是什麼。我請當事人擺出此意象的景。

當事人先站在景中自己的位置，再站在被殺東西的位置。他覺得兩個都是自己，自己被切成兩半，一邊是流血、危險、緊張；一邊是輕鬆、安全，但也較無力。而那刀是一把美麗而鋒利的彎刀，危險會傷人。

我原本請當事人成為那把刀，但是他不敢，連接近那彎刀都有困難。我改成讓他面對那把彎刀，去經驗自己的害怕。當事人說：「怕一拿起刀或成為刀就會傷人，或傷到自己。」

我請當事人想辦法讓那彎刀保持鋒利，但不那麼容易傷人。當事人想到可以加上刀鞘來套住刀鋒，他更清楚地描述了刀鞘的材質與美麗外觀。

我真的請他為那把刀找個刀鞘。當事人拿他的帽子把刀的三分之二包起來，然後放在身上。當事人非常興奮，說那是他的傳家之寶，配戴著它感覺很有力量，可以保護自己。

一位諮商師告訴我下面這個案例。

「有一次，諮商師請當事人和他的恐懼對話，那恐懼來自當事人五歲時一次被傷害的經驗。一開始，當事人想像恐懼是比籃球還大的一團黑霧，很恐怖。面對它，壓力大到使人喘不過氣，似乎會被滅頂。經過諮商師強化當事人本身的力量，並使當事人感到可以掌控自己的恐懼情緒後，當事人漸漸感覺自己已經不是那無力面對恐懼的五歲孩子。當事人說，那團恐懼變成黃色，且縮小成網球般大，可以放進口袋。當事人表示願意帶著它，因為這樣大小的恐懼已不會再影響他的日常生活，反而成為提醒他行事不能太大意的力量。」

我的一位當事人在處理了和母親糾結已久的緊張關係後，終於勇敢返鄉和母親和好。他分享在回程火車上，半睡半醒時經歷了一段鮮明的景象：他看到好像是困住自己多年的柵欄，一根一根被拔除，心中湧上不再受限的自由感，讓他感到無比的輕鬆自在。

以上兩個都是運用想像來具體化的案例。

有時，諮商師也可以利用自己腦海中形成的具體意象來幫助當事人。

一位當事人連續經歷了幾次情傷，特別是最近一次，以為終於遇到真心對自己好的人，卻又沒有理由地被拋棄，當事人痛苦地想封閉自己。我當下浮出一個意象——當事人築起高牆，把自己困在裡面。我將這個意象分享給當事人，他也同意。

我們一起在諮商室用椅子建了高牆，當事人躲到牆後體驗。剛開始他在牆的保護下覺得很安全，不怕再被人傷害，認為築起高牆是正確的選擇。但躲在那裡一陣子後，當事人輕聲問：「這樣是不是也把好人擋在外面了？一個人很安全，但也很孤單。可是，我又不敢拆掉這牆呀！」因諮商時間快結束，我直接提出建議，是否可在牆上加上一扇堅固但可以開關的門，不然就開扇窗。當事人欣然接受，並表示下次諮商可以討論，如何先從窗口判斷拜訪者的心術正不正，好人他才開門。我很高興此次諮商能在這種充滿希望的感覺下結束，而由當事人提出未來將進行的議題，也很有建設性。

第一章我寫的那首詩「心的療癒」，描述一位長期個案成長改變的艱辛歷程。他來諮商的初期，形容自己的心就如一座淤積已久並發臭、生蟲的水塔。在整個諮商的過程，我都利用這具體的意象協助我們進行工作。在處理他的未完成事件時，就如清理水塔的過程。找到水塔的水源，就像是強化其自我力量以自我照顧與支持的歷程。當事人在處理完過去的創傷經驗後，曾向我說：「怎麼辦？水塔好像清理乾淨了，但卻沒有清水進來呀！」我覺得這個水塔的意象，對他的諮商工作有相當大的助益。

也可以透過繪畫來進行具象化。在諮商過程中畫，或當成家庭作業來畫都可以。我較少直接邀請當事人作畫，最多建議當事人平日可用畫畫來抒發情緒。但有些當事人有畫畫的習慣，我就會加以運用。

某位當事人正在處理他與母親未分化的糾結關係。有一次諮商，他帶了一幅他畫的畫。畫中當事人看起來很弱小，以跪姿在母親身邊，一條很粗的鐵鍊把兩人拴在一起。我鼓勵他繼續以此主題畫畫。隨著諮商的進展，當事人的畫也漸漸有了不同的意象。先是當事人在畫中站了起來；和母親的距離拉開了些；接著，畫中的鐵鍊旁畫了一把大鐵剪；最後，鐵剪終於剪斷了那條綁住他們的鐵鍊。我相信畫畫給了他更多的力量，加速他和母親關係的成功分化。

此外，很多當事人在諮商過程會將諮商師入夢，而且經常反映出兩人的諮商關係。夢中的某些具象物也可以用來輔助諮商的進行。

有位當事人夢見，我（諮商師）在夢裡是他的老師，課堂上，我發給每位學生一個小盆栽，規定學期成績將依照他們照顧盆栽的好壞來評定。當事人發現他拿到的是一盆快枯萎的植物，而其他同學的盆栽都長得欣欣向榮。

這個盆栽成了那次諮商主要的討論議題。一方面盆栽可能是當事人自我意象的象徵；另一方面我給他一盆原本就不健康的植物，似乎代表我對他較不好、不公平，沒有提供他最好的協助。給其他同學很好的盆栽，似乎我可能更關心、更喜歡其他當事人。我們藉此討論了雙方的諮商關係以及當事人自信心的問題。

當抽象又難以言說的感覺具象化後，一切就變得明朗、清晰，諮商工作更容易順利進行並有效能。

三、內界、外界領域覺察練習

㈠外界感官覺察活動

有位當事人發現丈夫外遇，且和第三者已有一個快六歲的孩子，而陷入巨大的痛苦情緒中。每次諮商，當事人只能反覆哭泣，述說她的不甘心。我希望幫助她和這些情緒保持一些距離，以便能開始「工作」。

我知道她平時在上班途中，有十分鐘左右的步行路程，那幾乎是她一天中唯一的獨處時間。我嘗試給她家庭作業，請她利用這十分鐘的步行專注地觀察四周的街景，暫時放下一切，不去想目前的困境。她困惑地抬頭望著我，問我那是什麼意思？那間諮商室的茶几上有個銅製檯燈，上面的雕花很雅緻、美麗。我說：「像觀察這個檯燈呀，只單純用眼睛欣賞它的外觀，完全不思考，也不做聯想。」她驚訝地看著那放置在她正前方的檯燈說：「好典雅的檯燈，它一直放在這裡嗎？」我有點不可置信，已是第四次坐在那裡的她，竟然從不曾看到那座相當顯眼的檯燈。

她停頓了一會兒，感慨地告訴我：「我怎麼變成這樣了呢？我是文學系畢業的，受過觀察描寫的訓練，一向能細緻地描寫這類美麗的物品，也懂得時時欣賞身邊美的事物。想想我到底多久沒做這樣的事情了？我竟然被一個不值得愛的男人把自己的美好全拋棄了。」她就這樣甦醒了！諮商也順利地進行下去。

這個經驗帶給我很大的啟發，練習外界覺察真的非常重要。我有一年多時間幾乎天天做這個練習，感覺對自己幫助頗大。我經常鼓勵準諮商師們，內界、外界的覺察練習就像是練武之人的內功修習，內功可是武學不可或缺的基本功夫呀！

每次練習外界覺察的時間不需太長（一般人也不可能持續太久），三至五分鐘已經足夠，但最好每天在固定的時間進行。每天以單一感官（眼、耳、鼻、舌、皮膚）做覺察較佳。練習時，專注在那個感官的感覺上，暫時讓中界覺察完全停止運作。

1. 觸覺

閉眼或蒙眼的狀況下，用手或其他皮膚（腳趾、腳底、手臂、手肘、臉頰）接觸或觸摸各種質地的東西；洗澡時，用水沖洗身體，或肥皂、毛巾等觸碰皮膚的感覺；閉眼感受陽光、風輕拂皮膚的感覺等等。

用黏土、沙、麵團等進行活動，或手指畫、腳趾畫，都是很好的觸覺體驗。

2. 聽覺

專注用耳傾聽各種聲響，不做任何聯想和思考。閉眼的效果更佳。不過，聽覺隨時都在工作，無法輕易關閉。所以最好不要在睡前進行聽覺練習，因為專心傾聽，會增加對聲音的敏感度，容易影響入睡。

3. 味覺

人類的味覺主要來自舌頭上的味蕾。味覺原本相當敏銳，但人們常因忙碌或心情不好而食不知味，更忽略要專心感覺食物的味道，久而久之味覺退化。而且在吃東西時，心理的需求常取代吃本身的單純目的。如為了抗議父母的嚴格要求而拒絕飲食；為了滿足內心的空洞或焦慮而猛塞食物；為了交際應酬，吃喝變成無足輕重的一環。這時，味覺似乎無用武之地。

每次給自己幾分鐘，專注體驗我們的味覺，或特意去品嚐味道鮮明的食物。我曾在課堂上用橘子和加甘草粉的葡萄乾兩種食物。一人兩瓣橘子或五粒葡萄乾，讓學生花三至五分鐘用舌頭慢慢地品味。我選擇這兩種食物，除了它們的味道豐富，而且葡萄乾表面不規則，橘子咬開薄膜果粒形狀大小不一，舌頭不只感受到味道，還可以體會變化多端的質感，效果很好。

4. 嗅覺

人類最早的感官記憶是嗅覺，它是最具本能性和最敏銳的感覺，通常也長年無休，因此它的適應力最強，即「入芳蘭之室，久而不聞其香；入鮑魚之肆，久而不聞其臭」。

現今人類生存的環境，不但空氣汙染嚴重，更充斥各種濃烈的氣味，使得嗅覺的敏銳度退化最快，個別差異也最大。

練習同樣是專注於各種嗅覺的味道，不加以推論、評斷。自然生起對味道的喜好，也都如實地接納。

5.視覺

對大部分人來說，視覺是最強勢的感官，所以放在最後討論。說明前四種感官的覺察練習時，我都建議要閉上眼睛，以減少強勢的視覺影響其他感官的運作。而且，正因為視覺的特性，讓我們常常過度依賴我們所看見的，中界領域也最容易與其連結，所以，視覺最需要好好地練習。

以單純的視覺客觀、細微地觀看一些小物品。看太大或整片的東西容易失焦，會讓中界思考輕易介入。

(二)內界覺察練習

內界覺察練習也一樣，最好每天固定時間進行。練習時，專注在身體裡器官的感覺以及情緒的感受上，暫時讓中界完全停止運作。

做內界覺察練習時，我建議以坐姿進行，放鬆身體，閉上眼睛。用幾個深呼吸，把所有注意力帶入身體的內在。一開始可以先覺察吸入的空氣在體內流動的感覺。再來，可以從頭或腳開始，逐一覺察身體各個部位的感覺。特別有感覺的地方可以多停留一下，但不論感覺為何，都要如實地接受。而非去想肩膀為何這麼緊繃，胃在攪動好像餓了等。有時，經過某個部位，會升起情緒的感受，也請停在那情緒裡，經驗它。

要注意這是在進行內界覺察練習，不是身體放鬆，重點不在讓身體放鬆變舒服，而是要持續保持清楚的覺察。當然，很多人在剛開始練習時，身體會慢慢鬆弛下來，非常容易睡著，也讓其自然運行。我建議以坐姿而非臥姿進行內界覺察，亦在避免太快睡著。

另外，進行肢體動作的覺察，也可說是一種內界覺察。

Liese Liepmann在其著作《孩子的感覺世界》中，把肢體動作歸為感覺的一種，定義為「移動或動作的感覺，是某種內化了的觸覺。那是當我們的肌肉、肌腱及關節在運作時，所給我們的感覺。」（摘自Oaklander, 1998/2000, p.183）。

體驗穩穩地站立、簡單緩慢地移動身體、簡易的四肢運動等身體的動覺，都是很好的身體覺察活動。不論是移動或和地面的緊密接觸，重點都是專注體會身體內的感覺。

內界覺察不容易抓到要領。練習初期，進入身體裡之後，有的人會沒有什麼感覺，這很正常，要有耐性，仔細留意內在的細微變化。假以時日，敏銳度增加，就能順利進行內界覺察。

另外，人們對情緒的害怕，也會影響內界覺察練習。一有情緒升起，許多人會自動化地想壓下或趕走它，中界就會開始運作。但相對地能讓自己停留在升起的情緒中，只要經驗它，除了可以練習內界覺察，還附帶對了解和管理自己的情緒有幫助呢！

諮商師要引導當事人在此時此地體驗其未完成事件或逃避策略，經驗與自己內在或他人做真正的接觸，必須要為當事人量身訂作適合他的「實驗」活動。於是，完形取向的諮商師要增進自己諮商功力的方式，不是努力學習各種「諮商技術」，而是對完形諮商的理念、對人的發展、人格、社會心理的理論知識有透徹的了解，融會貫通，才能真正成為一位勝任且有效能的完形取向諮商師。

參考文獻

緣起

1. Cousineau, P.（2001）英雄的旅程（梁永安譯）。台北縣新店市：立緒文化。（原著出版於1999）
2. Coelho, P.（1997）牧羊少年奇幻之旅（周惠玲譯）。台北市：時報文化。（原著出版於1988）

第一章

1. 奧修Osho（2003）身心平衡——與你的身體和心理對話（陳明堯譯）。台北市：生命潛能文化。（原著出版於2003）
2. Gardner,H.（2000）再建多元智慧：21世紀的發展前景與實際應用（李心瑩譯）。台北市：遠流出版。（原著出版於2000）
3. 徐澄清口述（1999）因材施教。台北：健康世界雜誌社。
4. 呂承芬著（民88）諮商手札——遇見羅吉斯。台北市：天馬文化。
5. Kottler, J. A. & Carlson, J.（2004）治療師的懺悔（胡茉玲譯）。台北市：生命潛能文化。（原著出版於2003）
6. 金庸著（1996）倚天屠龍記（三）。台北市：遠流。（三版）第二十四章。
7. 張德芬著（2007）遇見未知的自己。台北市：方智。

第二章

1. Nojia, R.（中文版1992）小丑的創造藝術。台北市：生命潛能。
2. Nevis, E. C.主編（2005）完形治療觀點與應用（蔡瑞峰、黃進南、何麗儀譯）。台北市：心理出版。（原著出版於2000）
3. Teyber, E.（2003）人際歷程心理治療（徐麗明譯）。台北市：揚智文化。（原著出版於2000）
4. May, R.（2001）愛與意志（彭仁郁譯）。台北縣新店市：立緒文化。（原著出版於1969）。
5. Villoldo, A.（2007）印加巫士的智慧洞見（奕蘭譯）。台北市：生命潛能文化。（原著出版於2006）
6. Clarkson, P. & Mackewn, J.（1999）波爾斯：完形治療之父（張嘉莉譯）。台北市：生命潛能。（原著出版於1993）

第三章

1. Yalom, I. D.（2002）生命的禮物——給心理治療師的85則備忘錄（易之新譯）。台北市：心靈工坊。（原著出版於2002）
2. May, R.（2003）權力與無知（朱侃如譯）。台北縣新店市：立緒文化。（原著出版於1972）
3. Teyber, E.（2003）人際歷程心理治療（徐麗明譯）。台北市：揚智文化。（原著出版於2000）
4. Wardetzki, B.（2002）別在我心靈上打耳光——從容面對傷害與否定（邱慈貞譯）。台北：智慧事業體。（原著出版於2002）

第四章

1. Campbell, J.（1997）千面英雄（朱侃如譯）。台北縣新店市：立緒文化。（原著出版於1949）

2. Kottler, J. A., & Carlson, J.（2004）治療師的懺悔（胡茉玲譯）。台北市：生命潛能文化。（原著出版於2003）
3. Rogers, C.R.（1990）成為一個人（宋文里譯）。台北市：久大及桂冠。（原著出版於1961）
4. Yalom, I.D.（1991）愛情劊子手（呂健忠譯）。台北市：聯經。（原著出版於1989）
5. Teyber, E.（2003）人際歷程心理治療（徐麗明譯）。台北市：揚智文化。（原著出版於2000）
6. McLeod, J.（2002）諮商概論（李茂興、吳柏毅、黎士鳴譯）。台北：弘智。（原著出版於1998）
7. May, R.（2003）焦慮的意義（朱侃如譯）。台北縣新店市：立緒文化。（原著出版於1972）
8. May, R.（2001）愛與意志（彭仁郁譯）。台北縣新店市：立緒文化。（原著出版於1969）
9. Le Guin, U.K.（2002）地海巫師（蔡美玲譯）。台北縣新店市：共和國文化。（原著出版於1971）

第五章

1. Teyber,E.（2003）人際歷程心理治療（徐麗明譯）。台北市：揚智文化。（原著出版於2000）

第六章

1. May, R.（2001）愛與意志（彭仁郁譯）。台北縣新店市：立緒文化。（原著出版於1969）

第七章

1. Clarkson,P.,& Mackewn,J.（1999）波爾斯：完形治療之父（張嘉莉譯）。台北市：生命潛能。（原著出版於1993）
2. 曹中瑋（2007）夢的療癒力量。載於蘇絢慧著，喪慟夢。台北市：張老師文化，頁4-8。
3. 王溢嘉（1991）夜間風景——夢。台北縣中和市：野鵝出版社。

第八章

1. May, R.（2001）愛與意志（彭仁郁譯）。台北縣新店市：立緒文化。（原著出版於1969）
2. Kubler-Ross, E.（1998）天使走過人間：生與死的回憶錄（李永平譯）。台北市：天下文化。（原著出版於1997）
3. Smith, E. R., & Mackie, D. M.（2001）社會心理學（莊耀嘉、王重鳴譯）。台北市：桂冠圖書。（原著出版於1996）

第九章

1. Teyber, E.（2003）人際歷程心理治療（徐麗明譯）。台北市：揚智文化。（原著出版於2000）
2. Nevis, E.C.主編（2005）完形治療觀點與應用（蔡瑞峰、黃進南、何麗儀譯）。台北市：心理出版社。（原著出版於2000）
3. Oaklander, V.（2000）開啟孩子的心窗——適用於兒童青少年之完形學派心理治療（沈益君譯）。台北市：心理出版社。（原著出版於1978）。

國家圖書館出版品預行編目資料

當下，與你真誠相遇／曹中瑋作. --初版. --
臺北市：張老師, 2009.07
面；　公分. --（教育輔導系列；N89）
參考書目：面
ISBN 978-957-693-736-1（平裝）

1.完形治療　2.諮商

178.8　　　　98009028

教育輔導系列 N89

當下，與你真誠相遇——完形諮商師的深刻省思

作　　者→曹中瑋
責任編輯→張慧茵
封面設計→徐　璽
內頁設計→楊玉瑩
發 行 人→李鍾桂
總 經 理→金克剛
出 版 者→張老師文化事業股份有限公司 Living Psychology Publishers
郵撥帳號：18395080
10647台北市大安區羅斯福路三段325號地下一樓
電話：(02)2369-7959　傳真：(02)2363-7110
E-mail：service@lppc.com.tw
讀者服務：23141台北縣新店市中正路538巷5號2樓
電話：(02)2218-8811　傳真：(02)2218-0805
E-mail：sales@lppc.com.tw
網址：http://www.lppc.com.tw（讀家心聞）

登 記 證→局版北市業字第1514號
初版 1 刷→2009年7月
初版 2 刷→2009年10月
I S B N→978-957-693-736-1
定　　價→ 320 元
法律顧問→林廷隆律師
排　　版→菩薩蠻電腦科技有限公司
印　　製→永光彩色印製股份有限公司

廣　告　回　函
北區郵政管理局登記證 北台字第1809號
免　貼　郵　資

106 台北市大安區羅斯福路三段325號地下一樓

張老師文化公司　　收

【張老師文化之友】

地址：□□□　　市(縣)　　鄉/鎮/市/區　　路/街　　段　　弄　　號　　樓/室

電話：(O)　　(H)　　傳真：

請填妥本表寄回，就可加入【張老師文化之友】，並透過email得到張老師文化最快的訊息：

姓名：________ 性別：□男 □女 Email(請填寫工整)：________

職業：□1.軍 □2.公 □3.教 □4.工、商 □5.服務業 □6.醫療、社工 □7.學生 □8.其他：________

1.您所購買的書名：________ 書籍代碼：________

2.您從何處得知本書消息？□1.書店 □2.報紙 □3.雜誌 □4.電視 □5.廣播 □6.網站 □7.DM、海報 □8.電子報________ □9.張老師文化email告知 □10.朋友 □11.其他：________

3.您最常使用的購書方式：□1.書店 □2.劃撥 □3.信用卡 □4.網路 □5.其他：________

4.您對本書：□1.非常滿意 □2.滿意 □3.普通 □4.不滿意（原因是 □1內容不符期待 □2.文筆不佳 □3.版面、圖片、字體不佳 □4.其他________

5.您對本書的感想或建議：________

◎讀家徵文：歡迎上網分享您的心得感想（或email到service@lppc.com.tw），字數不限，還有好禮相送！